Prof. Dr. Herbert W. Ludwig
Dr. Norbert Becker, Dr. Harald Gebhardt
Dr. Friedrich Kögel, Kurt Kreimes

ERLEBNIS

GARTENTEICH

W0191281

Prof. Dr. Herbert W. Ludwig
Dr. Norbert Becker, Dr. Harald Gebhardt
Dr. Friedrich Kögel, Kurt Kreimes

ERLEBNIS

GARTENTEICH

TIERE BEOBACHTEN
UND
KENNENLERNEN

BLV

Die Deutsche Bibliothek –
CIP-Einheitsaufnahme

Erlebnis Gartenteich:
Tiere beobachten und kennenlernen /
Herbert W. Ludwig ... –
München; Wien; Zürich: BLV, 1992
ISBN 3-405-14317-9
NE: Ludwig, Herbert W.

Inhalt

BLV Verlagsgesellschaft mbH,
München Wien Zürich
8000 München 40

Layout: Anton Walter, Gundelfingen
Lektorat: Barbara Kiesewetter
Herstellung: Sylvia Hoffmann
Einbandgestaltung: Studio Schübel,
München
Einbandfotos: Reinhard Tierfoto
(Hintergrund)
Manfred Pforr: (Einklinker)
Gesamtherstellung: Friedrich Pustet,
Regensburg

Printed in Germany
ISBN 3-405-14317-9

Bildnachweis

Bellmann: 53, 63 l, 66, 67
Eisenbeiss: 16, 57 u, 77 o, 86
Limbrunner: 22, 24
Pfletschinger / Angermayer: 17, 19 o,
20 r, 21, 29 o, 29 u, 39, 42 u, 51 ol,
51 om, 51 or, 51 u, 52 l, 52 r, 58, 63 r,
85, 87, 90
Pforr: 8/9, 10, 20 l, 25 u, 40/41, 54,
59 o, 69 r, 84, 89,
106/107
Reinhard: 2/3, 4, 31, 33, 55, 57 o,
64, 70/71, 104/105
Sammer: 6/7, 14, 15, 34/35, 36/37,
38, 42 o, 72/73,
74/75, 98/99, 100/101, 103
Sauer: 44, 45, 49 l, 65, 69 l, 78/79,
97 o, 97 ur
Scheurig: 81
Synatzschke: 19 u, 77 u
Tessenow: 12/13, 26, 28, 43, 47,
59 u, 63, 88, 91, 92, 95, 102
Willner: 11, 12, 25 o, 27, 30, 46, 49 r,
68, 82, 83, 93, 109
Wothe: 48, 60/61, 76, 80, 96, 97 ul
Ziesler / Angermayer: 32

FRÜHLING

SOMMER

HERBST

WINTER

➤ Dieser Pfeil sagt Ihnen,
welche Tiere oder Phänome-
ne Sie besonders gut beobachten können.

Die Graphiken geben Ihnen
einen Überblick, welches Entwicklungsstadium der jeweili-
gen Art Sie zu welcher Jahreszeit beobachten können.

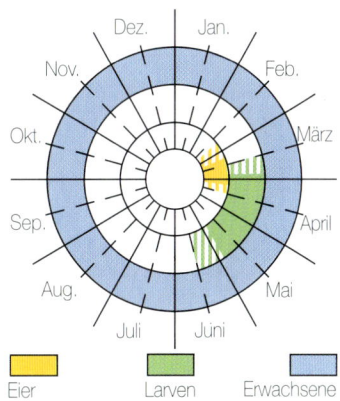

■ Eier   ■ Larven   ■ Erwachsene

1 Frühling

Ökologische Bemerkungen

Im Frühling – das weiß jeder – beginnt das Leben »neu«. Wenn Sie sich diese Aussage allerdings genau überlegen, kommen Sie natürlich sehr schnell zu dem Schluß, daß sie unsinnig ist. Das Leben beginnt nicht »neu«, es wird nur wieder aktiv, d. h. es geht vom winterlichen Ruhestadium wieder in die Aktivitäts-, Wachstums- und Fortpflanzungsphase über.

Solche Ruhestadien können bei Pflanzen z. B. Samen, Sporen, Zwiebeln oder Wurzelstöcke sein, aus denen neue Pflanzen entstehen. Bei Tieren ist die Sache etwas komplizierter: Ruhestadien bei ihnen sind häufig die Eier, die meist leicht den Winter überstehen können. Aber auch alle übrigen Stadien, bei Insekten z. B. Larven, Puppen und Fluginsekten sind teilweise zur Überwinterung fähig.

Einzellige und andere »einfache« Tiere können durch die Ausbildung von Cysten, das sind von einer mehr oder weniger derben Hülle umgebene Dauerstadien, den Winter überstehen werden. Oft werden auch spezielle Dauerstadien gebildet, die neben sehr niederen Temperaturen zum Teil auch sehr starke Austrocknung überstehen können.

Allen diesen genannten Überwinterungsstadien ist die Absenkung der Körpertemperatur auf die Umgebungstemperatur gemeinsam. Dabei muß aber verhindert werden, daß bei sehr großer Kälte in den Zellen, aus denen alle Organismen aufgebaut sind, das Wasser gefriert – die Zellwände würden dadurch zerstört, die Zellen getötet! Deshalb besitzen diese sogenannten Überwinterungsstadien oft einen Gefrierschutz, der ähnlich wie im Kühlwasser unserer Autos, durch Glycerin und ähnliche Substanzen ein Gefrieren des Zellwassers verhindert.

Wie wir schon jetzt gesehen haben, ist die Temperatur ein sehr wichtiger Faktor für alle Lebensprozesse; und sie ist im Winter für die vielen energieverbrauchenden Stoffwechselvorgänge zu niedrig! Wenn jedoch im Frühjahr die Sonne höher steigt, erhöht sich allmählich die Temperatur und die Organismen, die sich bis jetzt im Ruhestadium befanden, werden aktiv.

Um das zu verstehen, müssen wir uns an eine Regel aus dem Chemieunterricht erinnern, die besagt, daß chemische Prozesse – und dazu gehört auch der Stoffwechsel der Organismen – bei einer Erhöhung der Temperatur um 10 °C zwei- bis dreimal schneller ablaufen. Abgesehen von den »warmblütigen« Vögeln und Säugetieren (besser verwendet man statt dessen den Begriff »gleichwarm«) sind alle übrigen Lebewesen »kaltblütig« oder richtiger gesagt »wechselwarm«.

Die gleichwarmen Tiere regulieren ihre Körpertemperatur unabhängig von der Außentemperatur auf einen bestimmten Wert (bei Säugetieren sind dies 37–38 °C, bei Vögeln 40–41 °C). Dabei wird eine Temperaturerhöhung durch Muskelzittern, d. h. Arbeit, bewirkt, eine Temperatursenkung durch Verdunstung von Wasser (Schweiß) oder mittels Wärmeabgabe über dünne Hautstellen. Gleichwarme Tiere haben sich also von den jahres- und tageszeitlichen Schwankungen der Temperatur emanzipiert – sie können immer aktiv sein. Nur wenige Arten müssen den Winter im Winterschlaf oder in der Winterruhe überdauern.

Bei den wechselwarmen Organismen entspricht die Körpertemperatur immer etwa der Außentemperatur – es findet bei ihnen also keine Temperaturregulation statt! Im Süßwasser – und erst recht in unserem Gartenteich – halten sich auf Dauer nur wechselwarme Organismen regelmäßig auf. Deren Körpertemperatur ist aber während der kalten Jahreszeit so niedrig, daß die Stoffwechselvorgänge, die z. B. für Wachstum, Fortbewegung oder Vermehrung notwendig sind, nur in sehr begrenztem Rahmen ablaufen – der Lebensmotor läuft gewissermaßen mit Standgas auf niederen Touren!

Der wichtigste Faktor für die Existenz aller Organismen ist das Wasser – schließlich ist das Leben vor etwa dreieinhalb Milliarden Jahren im Wasser entstanden. Ohne Wasser ist auch heute noch kein Leben möglich (selbst wir Menschen bestehen zu über 60%, unser Gehirn sogar zu rund 80% aus Wasser!). Wasser kann von allen Organismen nur kurzfristig (bei Ruhestadien natürlich etwas länger, aber auch nicht unbegrenzt lang) entbehrt werden. Wasser ist aber in unserem Gartenteich in genügender Menge vorhanden, gehört also in diesem Fall nicht zu den Faktoren, die die Existenz von Organismen begrenzen.

Im Frühjahr nehmen mit der Temperatur gleichzeitig auch Tageslänge und Lichtintensität zu. Licht wird nicht nur von den Pflanzen zur sog. Photosynthese (Aufbau organischer Substanzen aus Nährsalzen, Kohlendioxid und Wasser mit Hilfe der Lichtenergie der Sonne) benötigt; auch bei manchen Tieren regeln Lichtmenge und Tageslänge gewisse Entwicklungsprozesse.

Bekannt ist dieses Phänomen insbesondere von Vögeln, deren Balz- und Brutverhalten durch die Steigerung der Tageslänge ausgelöst wird.

Ein schön und sinnvoll gestalteter Gartenteich mit unterschiedlichen Pflanzzonen

Der morgendliche Beginn des Vogelgesangs ist abhängig von der Lichtstärke – und zwar bei verschiedenen Vogelarten von unterschiedlichen Lichtstärken. Aber auch bei niederen, wasserbewohnenden Tieren kennen wir ähnliche Lichteinflüsse, die u. a. das Balz- und Fortpflanzungsverhalten auslösen und steuern.

Mit dem Einsetzen der Photosynthese (s. o.) beginnt auch die Produktion von Sauerstoff durch die Pflanzen unseres Gartenteichs. Dabei spielen natürlich nicht nur die sog. »höheren« Pflanzen (das sind die höher organisierten und im allgemeinen auch höher wachsenden Pflanzen) eine Rolle, sondern auch die ungeheure Menge der winzigen einzelligen Algen, die entweder im Wasser schweben (Plankton) oder alle Oberfläche im Gartenteich, sei es der Boden, seien es andere Pflanzen, besiedeln (Benthon). Dieser Sauerstoff wird von Tieren und Bakterien, übrigens in der Nacht auch von Pflanzen, zur Atmung benötigt.

Während der Winterszeit war die Sauerstoffproduktion recht niedrig, dies war aber kein Problem, weil, wie oben geschildert, die sauerstoffverbrauchenden Stoffwechselprozesse nur auf Sparflamme abliefen.

Sauerstoff wird auch bei den mannigfaltigen Prozessen der Destruktion verbraucht. Man versteht darunter den Abbau der organischen Substanz, also abgestorbener Tiere und Pflanzen, zu anorganischen Bestandteilen (z. B. Nitrate und Phosphate), die wiederum den Pflanzen als Nährstoffe dienen und so den Kreislauf Pflanzen – Tiere – Mikroorganismen aufrechterhalten.

Bei der Atmung der Tiere und bei den Abbauvorgängen durch die Mikroorganismen wird Sauerstoff aufgenommen und dafür Kohlendioxid (»Kohlensäure«) abgegeben. Dieses wird wieder für die Photosynthese der Pflanzen benötigt – auch hier schließt sich der Kreis!

Pflegemaßnahmen

Der »Saisonbeginn« im und am Gartenteich erfordert es, die Spuren und Reste des Winters wegzuräumen: Insbesondere sollten spätestens jetzt (eigentlich hätte das schon im Herbst geschehen sollen!) tote und halbvermoderte Blätter und andere Pflanzenreste aus dem Uferstreifen unseres Teichs entfernt werden.

Im Frühjahr muß man dabei allerdings sehr behutsam verfahren, damit man nicht austreibende Pflanzen beschädigt oder gar die aus der Winterruhe erwachten Tiere mit dem abgestorbenen Pflanzenmaterial entfernt. Jetzt ist auch die Zeit für verschiedene Prüfungen: Ist der Teich noch dicht, muß Wasser nachgefüllt werden? Auch wäre es ratsam, mit einem Stielgefäß oder besser mit einem Glasrohr eine Probe des Gewässerbodens nach oben zu holen und zu prüfen, ob möglicherweise schon zu viel schwarzer und übelriechender Faulschlamm (Geruch nach faulen Eiern!) vorhanden

ist. Sollte dies der Fall sein, dann ist es höchste Zeit für eine gründliche Sanierung. Nicht unbedingt nötig, aber recht interessant ist es auch, in regelmäßigen Abständen die Erhöhung der Wassertemperatur in unserem Gartenteich zu verfolgen. Wir werden dabei feststellen, daß der Wasserkörper unseres Gartenteichs viel weniger den täglichen Temperaturschwankungen ausgesetzt ist als die Luft: Das Wasser im Teich ist mittags nicht so warm und nachts auch nicht so kalt wie die Luft.

Diese Tatsache ist mit der hohen Wärmekapazität des Wassers zu erklären: Es dauert sehr lange Zeit, bis sich das Wasser erwärmt oder – umgekehrt – bis es sich abkühlt.

Die Pflanzenwelt des Gartenteichs

Natürliche Weiher und Seen weisen in ihrer Uferzone in der Regel eine charakteristische Pflanzenwelt auf. Stark vereinfacht kann man sagen, daß sich in Abhängigkeit von der Wassertiefe ganz bestimmte Pflanzengesellschaften ausbilden, weshalb man auch von einer Zonierung spricht. Von der Uferzone hin zur Gewässermitte folgen eine Röhrichtzone, eine Schwimmpflanzenzone, eine Zone der Unterwasserpflanzen und eine Zone der unterseeischen Wiesen aufeinander. Schauen wir uns doch einmal an einem Gewässer der freien Landschaft um und bestimmen die Pflanzen die dort vorkommen. Dabei können wir für die Bepflanzung des Gartenteiches viel lernen. Pflanzen im und am Gartenteich verschönern diesen nicht nur, sondern sie strukturieren unseren »Biotop« und tragen somit zur Ausbildung einer Vielzahl selbst kleinster Lebensräume bei. Erst dadurch ist die Basis für eine reichhaltige Organismenbesiedlung

Am Ufer wachsen Blut- und Gilbweiderich

gegeben, da Tiere hier Nahrung, Ruhe-, Versteck- und Fortpflanzungsmöglichkeiten finden. Außerdem spenden die Wasserpflanzen den für wasserlebende Tiere lebensnotwendigen Sauerstoff und greifen auch sonst in chemische Auf- und Abbauprozesse im Wasser ein, z. B. durch Aufnahme von Kohlendioxid und Nährstoffen. Welche Pflanzen soll man nun für den Gartenteich wählen? Da eine Vielzahl von Tieren zum Nahrungserwerb und zur Fortpflanzung auf einheimische Pflanzenarten angewiesen sind, sollten wir in unseren Gartenteich nur einheimische, standorttypische Pflanzen einsetzen. Zudem würde durch das Einbringen von fremdländischen Pflanzen die Gefahr einer Verfälschung der einheimischen Flora wachsen. Da eine Vielzahl der Pflanzen in Feuchtgebieten bereits stark bedroht ist, dürfen Sie die Pflanzen für unseren Gartenteich nicht aus der freien Natur entnehmen. Sie würden sich strafbar machen. Am besten greift man auf das in den letzten Jahren immer reichhaltigere Angebot von Fachgeschäften oder Gärtnereien zurück oder bittet andere Gartenteichbesitzer um Ableger oder Setzlinge. Die beste Pflanzzeit ist das Frühjahr.

Röhrichtgürtel mit Breitblättrigem Rohrkolben und Weidenröschen

Den Pflanzen steht dann zur Entwicklung noch die gesamte Vegetationsperiode zur Verfügung. Beim Einsetzen der Pflanzen sollte man auf deren Raumbedarf achten. Wasserpflanzen haben die Eigenschaft, bei zusagenden Bedingungen stark zu wuchern, so daß schon bald Pflegemaßnahmen vorgenommen werden müßten. Für den Anfang kommt man also mit wenigen Pflanzen aus. Man setzt die Pflanzen ihren Standortansprüchen (z. B.

Wassertiefe, Lichtbedarf, Bodenzusammensetzung) entsprechend zueinander. Schon bei der Anlage des Gartenteichs gilt es, dies zu berücksichtigen.

Neben einer Tiefenwasserzone plant man auch eine Flachwasserzone und eine Sumpfzone mit ein. Speziell die Arten der Sumpf- bzw. Röhrichtzone sind bemerkenswerte Pflanzen. Schilf, Rohrkolben, aber auch Igelkolben, Wasserschwertlilie, Pfeilkraut, Tannwedel und Froschlöffel fallen durch Wuchshöhe und -form an jedem Gartenteich besonders auf. Diese Pflanzen zeichnen sich dadurch aus, daß sie sowohl an das Wasser- als auch an das Landleben angepaßt sind. An Stellen am Rand mit nur wenigen Zentimetern Wassertiefe, wachsen verschiedene Seggen-Arten (Steife Segge, Scharfe Segge, Sumpfsegge) und Binsen-Arten (Graugrüne Binse, Flatterbinse) sowie Pflanzenarten mit schönen Blüten wie Sumpfvergißmeinnicht, Blutweiderich und Sumpfdotterblume. An die bis zu 20 cm tiefe Sumpf- bzw. Röhrichtzone sollte sich eine bis 60 cm tiefe Flachwasserzone anschließen. Zum Teil können hier auch einige Arten der für die Sumpfzone genannten Pflanzen existieren.

Der Ästige Igelkolben ist eine
aparte Pflanze; er wächst an
sumpfigen Ufern

Daneben bieten sich für diesen Bereich Pflanzenarten
wie der gelbblühende Was-
serschlauch, die Sumpfbinse,
die Schwanenblume, der
Wasserknöterich, die Krebs-
schere und die Seekanne
an.
Die Tiefenwasserzone (ab
60 cm) ist das Reich der
Schwimmblatt- und Unter-
wasserpflanzen. In diesem
Bereich des Gartenteichs do-
minieren neben den majestä-
tischen Blüten und großen
Blättern der Weißen Seerose
die ähnlichen, aber mit gelben, kleinen Blüten ausgestatteten Teichrosen oder
Teichmummeln. Weitere
Pflanzenarten sind Wasser-
nuß, verschiedene Laich-
krautarten (Dichtes Laichkraut, Kammlaichkraut, Krauses Laichkraut, Durchwach-
senes Laichkraut, Flutendes
Laichkraut), Flutender Hahnenfuß, Wasserhahnenfuß,
Gemeines und Zartes Horn-
blatt, Quirlblättriges und Ähriges Tausendblatt. In som-
merkalten Gartenteichen (Ge-
birgs- und Mittelgebirgslage)
gedeihen viele der genannten
Unterwasserpflanzen nicht.

An ihre Stelle können Quell-
moos und Wassersternarten
treten. Eine solche Bepflanzung bietet vielen Tieren gute
Existenzmöglichkeiten und
wird jedem Gartenteichbesitzer viel Freude bereiten. Die
weiter oben erwähnte Zone
der unterseeischen Wiesen
kann wegen der zu geringen
Wassertiefe im Gartenteich
nicht realisiert werden.

Kauf und Einsetzen von Tieren

Wenn unser Gartenteich fertig
eingerichtet ist, die Wasserpflanzen angewachsen sind
und sich das Wasser etwas
geklärt hat, kann man an den
Kauf und das Einsetzen von
Tieren denken. Wie bereits
schon früher erwähnt, stellt
sich eine Vielzahl von Tieren
bei zusagenden ökologischen
Gegebenheiten von selbst ein
oder wird mit dem Pflanzenmaterial eingebracht. Besonders gut funktioniert dies bei
wirbellosen Wassertieren
(Planktonorganismen,

Frösche dürfen nicht vom
Freiland in den Gartenteich
gebracht werden – sie
stehen unter Naturschutz

Schnecken, Spinnen, Insekten). Nur eine geringe Anzahl von Gartenteichbesitzern werden das Glück haben, daß sich Amphibien und Reptilien an ihrem Gewässer einstellen. Bei Fischen ist dies bis auf Einzelfälle ausgeschlossen. Wollen wir solche Tiere in unserem Gewässer pflegen, müssen wir sie kaufen. Vor dem Einkauf sollte man sich Gedanken machen, was sich aufgrund der Teichgröße und den ökologischen Gegebenheiten an Tieren ansiedeln läßt. In kleinen Teichen ohne ausreichende Flachwasserzone und nur ge-

ringen Versteckmöglichkeiten wird z. B. ein Großteil der Amphibienlarven den Fischen zum Opfer fallen. Die Lebensraumansprüche der Tiere müssen stets beachtet werden. So setzt man keine an das Fließwasser gebundene Fischarten in das Stillgewässer »Gartenteich« ein. Es sei denn, dieser verfügt über den nötigen Zufluß. Für das Wohlbefinden und Überleben vieler Wassertiere ist jedoch nicht nur der Gartenteich selbst, sondern auch das nähere und weitere Umfeld von Bedeutung. Denn Gartenteiche, die isoliert inmitten steriler Rasenflächen liegen, ohne säumende Stauden- und Gehölzstreifen, sind für unsere einheimische Tierwelt keine geeigneten Biotope. So benötigen die meisten der Amphibienarten neben dem Lebensraum »Wasser« auch verschiedene Landquartiere (Sommerquartier, Winterquartier) während des Jahres. In aufgeräumten Gärten, in denen Steinhaufen, Totholz, Wurzeln, Laubhaufen u. ä. fehlen, haben Amphibien oft Schwierigkeiten, diese Quartiere zu finden.
Hat man sich über Besatzzeitpunkt, Anzahl, Artenzusammensetzung und Lebensraumansprüche der Pfleglinge Klarheit verschafft, kann man zum Erwerb der

gewünschten Tiere übergehen. Man sollte nur standorttypische, einheimische Tiere kaufen. Mit dem Einsetzen von fremdländischen Tieren trägt der Gartenteichbesitzer nämlich zur Verfälschung der einheimischen Fauna bei. Beim Kauf ist darauf zu achten, daß die Tiere keine erkennbaren Krankheiten oder Verletzungen aufweisen. Dadurch wird dem Einschleppen von Krankheiten vorgebeugt. Der Transport der erworbenen Tiere muß tiergerecht und so schonend wie möglich verlaufen, um Verluste zu vermeiden. Zu Hause angekommen, gewährt man den Tieren Zeit, sich an den neuen Lebensraum zu gewöhnen. Amphibien und Reptilien setzt man am besten im geöffneten Transportgefäß an eine geschützte Stelle in den Uferbereich, so daß sie nach einiger Zeit selbst den Weg in die Freiheit antreten können. Fische gibt man zunächst in ein großes Gefäß und gewöhnt sie durch langsame Zugabe von Teichwasser an die Wasserbeschaffenheit (Eingewöhnungszeit nicht unter 1 Stunde!). Für die Belüftung des Wassers muß gesorgt sein. Beachtet man die genannten Grundregeln, werden sich Pfleglinge rasch einleben.

Der Gartenteich muß sich entwickeln

Die Planung eines Gartenteiches ist sicherlich für jeden begeisterten Naturliebhaber eine interessante Herausforderung, kann man doch bereits schon in dieser Phase wichtige Weichen für die Entwicklung eines kleinen Paradieses im eigenen Garten stellen. Im Frühjahr beginnen dann die anstrengenden Erdarbeiten, die Teichform wird modelliert, die Folie eingelegt und mit viel Mühe wird der Teichgrund aus Kies, großen Kieseln und Steinen gestaltet. Wasserpflanzen finden ein neues Zuhause und unser Gartenteich erhält seine erste Füllung aus der Wasserleitung. Während der Planung hatten wir sicherlich ein ganz anderes Bild von unserem Teich vor unserem geistigen Auge; ein Kleinod in unserem Garten mit üppigem Pflanzenbewuchs, mit Libellen, die mit geschickten Flugmanövern über die Wasseroberfläche hinwegfliegen. Im Wasser sollte ein vielfältiges Unterwasserleben zu beobachten sein, wo Wasserkäfer zwischen den Unterwasserpflanzen umherschwimmen und Frösche auf den Steinen am Ufer in der Sonne sitzen und von Zeit zu Zeit ein vergnügliches Konzert anstimmen. In

Wirklichkeit ist von unserem Traum nach all den Anstrengungen eigentlich wenig wahr geworden. Unser Gartenteich sieht steril aus, die wenigen, eigentlich viel zu kleinen Pflanzen lassen die Blätter hängen und verleihen unserem Teich alles, nur kein paradiesisches Aussehen, und auch mit der größten Anstrengung ist es unmöglich, nur ein Wasserinsekt auszumachen.

Das aber ist überhaupt kein Anlaß die Flinte ins Korn zu werfen, denn mit unserem Gartenteich ist es ähnlich wie mit einer neuen Wohnung. Am Anfang ist alles noch sehr fremd und kahl. Um eine Wohnung erst so richtig gemütlich zu machen bedarf es sehr vieler Arbeit, um aus einem neuangelegten Gartenteich ein kleines Paradies werden zu lassen, braucht es nur Geduld. Nach einiger Zeit werden sich die meisten wasserliebenden Tiere von selbst ansiedeln, wenn sie nur die passenden Voraussetzungen vorfinden. Die Dauer dieses Vorgangs hängt grundsätzlich von zwei Faktoren ab. Der erste ist die Entwicklung der Pflanzen in und um unseren Gartenteich. Je höher die Vielfalt eines Lebensraumes an Verstecken, Nahrung und Möglichkeiten zur Eiablage sind, desto größer ist auch

Diese beiden Bilder zeigen sehr schön, wie sich ein Gartenteich im Laufe der Zeit entwickelt

die Artenvielfalt der Tiere. Der zweite Faktor, der einen erheblichen Einfluß auf die Besiedlung unseres Gartenteichs haben wird, ist die Lage zu natürlichen Gewässern oder zu bereits besiedelten Teichen in den umliegenden Gärten. Wohnen wir im Zentrum einer größeren Stadt, werden wir sicherlich vergeblich auf das erste Froschkonzert im eigenen Garten warten müssen. Viel schneller geht es dagegen, wenn unser Grundstück an feuchte Wiesen, Gräben oder Weiher angrenzt. Wasserin-

Kleingewässern der Umgebung etwas Bodenschlamm und Wasser entnehmen, um damit Ihren Gartenteich »anzuimpfen«: Viele mikroskopisch kleine Pflanzen und Tiere in Form von Samen, Dauerstadien oder Eiern liegen auf dem Gewässerrand und warten dort nur auf günstige Umweltbedingungen, um mit ihrer Entwicklung zu beginnen.

➤ Legen wir unseren Gartenteich im Frühjahr an, können wir sicherlich im Herbst schon die ersten zugewanderten Libellen beobachten, die über unseren Gartenteich wie kleine Hubschrauber hinweghuschen, von Zeit zu Zeit auf der Stelle verweilen, um dann wieder in den Nachbargärten zu verschwinden. Meist handelt es sich hierbei um die rotgefärbte Heidelibelle, die ihre Eier direkt ans Ufer ablegt. Von dort werden sie erst durch Regen in den Teich eingeschwemmt. Mit einiger Geduld und viel Aufmerksamkeit werden wir erleben, daß nach und nach viele verschiedene Tiere Besitz von unserem Teich ergreifen, daß sich Pflanzen prächtig entwickeln, und wir werden außerdem ein geschultes Auge für die vielfältigen Schönheiten unseres kleinen Paradieses aus Menschenhand bekommen.

sekten wie Wasserkäfer und Wasserwanzen sind zum Teil sehr mobil. Sie fliegen bevorzugt nachts und lassen sich dann auf Gewässer nieder, in denen sich der Mond widerspiegelt. Amphibien wandern im Frühjahr von ihrem Winterquartier zu ihrem angestammten Gewässer um sich fortzupflanzen. Werden diese durch den Menschen zerstört, ist natürlich jedes Ausweichquartier gern gesehen.

Als engagierter Naturfreund sollten Sie folgenden Grundsatz als oberstes Gebot ansehen: Niemals von einem natürlichen Gewässer Tiere sammeln und in unseren Gartenteich einsetzen. Zum einen ist dies in der Regel verboten, und zum anderen werden wir nicht in der Lage sein, zu entscheiden, welche Tierarten für das jeweilige Entwicklungsstadium unseres Gartenteiches charakteristisch sind. Viel interessanter ist es dagegen, die Pflanzen- und Tierwelt unseres kleinen Paradieses zu beobachten und an den aufeinanderfolgenden Veränderungen die verschiedenen Entwicklungsstufen zu erkennen. Wenn wir auch den Grundsatz befolgt haben, keine Tiere aus der freien Natur zu fangen, um sie in unseren Garten zu holen, ist es doch zulässig und vielleicht im Anfangsstadium sogar nützlich, wenn Sie aus

Amphibien: Wanderer zwischen zwei Welten

Vor etwa 360 Millionen Jahren bildeten sich aus einer Gruppe von Fischen, den Quastenflossern, die Ahnen unserer heutigen Amphibien heraus. Die Eroberung des Landes war eingeleitet. Ihre Herkunft aus dem Wasser können auch die heute lebenden Amphibien nicht verleugnen. Zu gewissen Lebensphasen sind sie auf das Wasser angewiesen. Ihr Name beschreibt das treffend: »Amphibien« bedeutet soviel wie »beide Leben«, womit das Leben zu Wasser und zu Land gemeint ist. In Anpassung an den neuen Lebensraum haben die Amphibien statt Flossen vier Beine (bei manchen tropischen Arten sind sie zurückgebildet) und eine drüsenreiche Haut entwickelt, deren Schleimabsonderung die Tiere an Land vor dem Austrocknen sowie vor Pilzen und Bakterien schützt. Andererseits verhindert der Schleim das Eindringen des Wassers. Spezielle Drüsen sondern ein giftiges Sekret ab, welches Schutz vor Feinden bieten soll. Dieses Gift der einheimischen Arten ist nicht besonders stark. Durch den schlechten Geschmack wird einigen Feinden immerhin der Appetit verleidet. Eine weitere Anpassung an das Landleben ist die Umstellung von Kiemenatmung auf Lungen- und Mundschleimhautatmung. Dies geschieht bei der Umwandlung der wasserlebenden Larven zum wenigstens zeitweise an Land lebenden Tier.

Von den drei auf der Erde lebenden Ordnungen der Amphibien kommen zwei bei uns vor. Dies sind die Schwanzlurche (Molche, Salamander) und die Froschlurche (Frösche, Kröten, Unken) mit 19 Arten.

Die Mehrzahl lebt in bzw. an stehenden und fließenden Gewässern. Es gibt jedoch auch Arten, die recht extreme Lebensräume und Regionen besiedeln. So kommt der Alpensalamander ausschließlich in den oberen Mittelgebirgslagen und im Hochgebirge vor. Landbewohnende Arten, wie z. B. die Kröten, graben zum

Portrait eines Wasserfrosches; er ist an unseren Gewässern ein häufiger Vertreter der Froschlurche

Teil Erdlöcher, suchen Mauer- und Gesteinsspalten, Baumstümpfe sowie Holzstöße auf oder besiedeln Feld-, Heide- und Dünenbereiche. Diese Ansprüche der einzelnen Amphibienarten an den Lebensraum sollten Sie als Gartenteichbesitzer stets beachten. Mit nur wenigen Vorkehrungen können Sie für die eine oder andere Art gute Bedingungen schaffen. In näherer und weiterer Entfernung des Gartenteiches sollte man mit Stein- und Laubhaufen, größeren Wurzel- und Aststücken Unterschlupfmöglichkeiten schaffen. Vor allem unsere Krötenarten benötigen solche Verstecke zum Überstehen von Trockenperioden und während der Herbst- und Winterzeit. Auch die Molche verlassen im Spätsommer das Wasser, um solche Unterschlupfmöglichkeiten aufzusuchen. Für den baumbewohnenden Laubfrosch sind Stauden, Sträucher und Bäume wichtige Ausstattungselemente des Lebensraumes. Gerade weil den einheimischen Amphibien durch die Beeinträchtigung und Zerstörung des Lebensraumes immer mehr die Lebensgrundlagen entzogen werden, sollten Sie der Pflege dieser Tiere besondere Aufmerksamkeit widmen. Allein in der Bundesrepublik

Schon auf dem Weg zum Laichgewässer klammert sich das Erdkröten-Männchen am Rücken des Weibchens fest

Deutschland sind 11 der 19 vorkommenden Arten in ihrer Existenz bedroht oder stark gefährdet.

Amphibien auf der Wanderschaft

Wenn das letzte Eis gerade von Tümpeln, Teichen und Seen verschwunden ist und die Lufttemperatur Anfang März 5 bis 6 °C beträgt, machen sich die frühlaichenden Erdkröten und Grasfrösche auf den letzten Teil des Weges zu den Laichgewässern. Bereits im Herbst brechen diese Tiere, die während der Vegetationsperiode in Wäldern, Hecken- und Gebüschstreifen sowie Wiesen leben, in Richtung ihrer angestammten Laichgewässer auf. Während die Erdkröte in der näheren Umgebung der Gewäs-

ser in Verstecken (Erdspalten, Wurzeln, Steine) den Frühlingsbeginn abwartet, überwintert der Grasfrosch sogar am Grunde der Laichgewässer selbst. Schon bald nach dem Ablaichen verlassen beide Arten die Gewässer wieder und ziehen in ihre Sommerquartiere. Auch bei anderen Amphibienarten kommen mehr oder weniger ausgeprägte Wanderungen während des Jahres vor. Bei den Molchen kann der Zeitpunkt von Hin- und Rückwanderung zum Laichgewässer recht unterschiedlich sein. Während der Kammolch oft auch außerhalb der Laichzeit im Gewässer bleibt und erst im Spätsommer Landverstecke aufsucht, verlassen z. B. Teichmolch und Bergmolch bald nach der Eiablage die Gewässer.

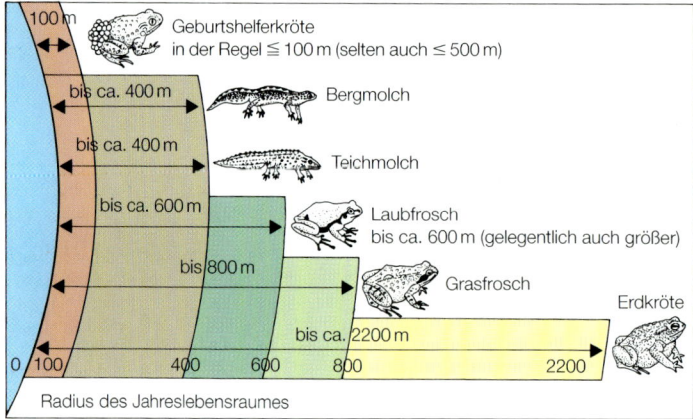

100 m — Geburtshelferkröte
in der Regel ≦ 100 m (selten auch ≦ 500 m)

bis ca. 400 m — Bergmolch

bis ca. 400 m — Teichmolch

bis ca. 600 m — Laubfrosch
bis ca. 600 m (gelegentlich auch größer)

bis 800 m — Grasfrosch

Erdkröte

bis ca. 2200 m

0 100   400   600   800   2200

Radius des Jahreslebensraumes

So weit können die verschiedenen Amphibienarten wandern

▸▸ Diese Molche kann man deshalb schon früh im Sommer in Landverstecken, z. B. in Laubhaufen, unter Wurzeln und Totholz finden. Ebenfalls nur kurz während der Laichzeit im Wasser anzutreffen sind Knoblauchkröte, Kreuzkröte und Wechselkröte. Während des restlichen Jahres leben diese Arten an Land.
Besonders ausgeprägt ist dies auch bei der Geburtshelferkröte. Bei ihr findet die Paarung an Land statt. Danach trägt das Männchen die Eischnüre um die Hinterbeine geschlungen mit sich herum. Nur zum Befeuchten der Eier werden Pfützen aufgesucht. Sind die Kaulquappen entsprechend weit entwickelt, schlüpfen sie bei einer sol-

chen Gelegenheit und verbleiben bis zur Umwandlung im Wasser. Zu den Amphibienarten mit einer langen Verweildauer in den Gewässern zählen die Grünfrösche und die Unken. Teichfrosch, Wasserfrosch und Seefrosch sowie Gelbbauchunke und Rotbauchunke sind während des gesamten Jahres an das Wasser gebunden. Laichwanderungen entfallen bei diesen Arten. Um wandernde Amphibienarten vor dem Verkehrstod zu bewahren, darf man sie nicht in dichtbesiedelten Gebieten in Gartenteichen ansiedeln. Zudem stehen alle einheimischen Amphibienarten unter Schutz, eine Entnahme, selbst der Eier oder Larven aus der Natur ist verboten. Besser ist es, abzuwarten, was sich an Arten von allein einstellt.
Gerade weil die in unserem Gartenteich vorkommenden

Amphibienarten mehr oder weniger in den angrenzenden Gartenteilen herumstreifen, versteht es sich von selbst, daß ein Einsatz von Pflanzenschädlings- und Unkrautvernichtungsmitteln im Garten unterbleiben muß. Es sei denn, es handelt sich um amphibienverträgliche Mittel. Haben sich aufgrund der Gegebenheiten in Garten und Umgebung Amphibien, vor allem Kröten angesiedelt, so wird es ohnehin zu weniger Problemen mit Pflanzenschädlingen kommen.

Amphibienhochzeit

Die Paarungszeit der meisten Amphibienarten liegt im Frühjahr oder Frühsommer. Bei den stimmbegabten Amphibien (Frösche, Kröten, Unken) läuten nicht etwa Glocken die Hochzeit ein; vielmehr finden sich die Partner durch artspezifische Rufe. Mit diesen Ruflauten locken die Männchen, die zuerst in den Laichgewässern ankommen, die Weibchen an. Hat ein Frosch-, Kröten- oder Unkenmännchen ein Weibchen gefunden, so umklammert es die Partnerin auf deren Rücken sitzend mit den Vorderbeinen. In dieser Stellung gibt das Weibchen die Eier ab, wobei diese vom Männchen befruchtet werden. Frösche legen ihre Eier in größeren Ballen ab, Kröten in Schnüren und Unken in kleineren Klumpen.

➤ Man kann den Laichvorgang gut beobachten, wenn man sich an das Laichgewässer behutsam herantastet und Deckung sucht. Im Gegensatz zu den Froschlurchen finden die Männchen und Weibchen der Salamander und Molche nicht durch Paarungsrufe zueinander. Molche paaren sich unter Wasser am Gewässergrund. Ein Duftstoff, der an Steinen, Wasserpflanzen, Wurzeln, Aststücken und ähnlichen markanten Punkten abgesetzt wird, führt Männchen und Weibchen zusammen. Zugleich dient das Absetzen von Duftmarken den Männchen zur Abgrenzung der von ihnen beanspruchten Reviere. Dem eigentlichen Laichakt geht ein Vorspiel voraus. Dabei baut sich das Männchen vor dem Weibchen auf und führt schlängelnde und zitternde Bewegungen mit seinem Körper sowie dem nach vorne gewendeten Schwanzende aus. Schließlich bewegt sich das

Weibchen auf das Männchen zu, worauf letzteres veranlaßt wird, vor dem Weibchen in einer Art Watschelgang einherzugehen. Dabei gibt das Molchmännchen sockelförmige Samenträger ab, die vom Weibchen mit der Kloake (gemeinsamer Ausführungsgang von Enddarm

Frösche laichen in Klumpen ab ...

und Geschlechtsapparat) aufgenommen werden. Die im Samenträger befindlichen Spermien wandern weiter in den Eileiter, wo im Gegensatz zu den Froschlurchen eine innere Befruchtung erfolgt. Nach der Befruchtung werden die Eier einzeln in eigens gefalteten Wasserpflanzenblättern abgelegt.

Obwohl im Gartenteich wegen ihrer speziellen Biotopansprüche kaum zu halten, soll der Vollständigkeit wegen auch die Paarung der Salamander angesprochen werden. Hierbei handelt es sich um den in feuchten Laubwäl-

... Kröten dagegen in Laichschnüren; bei der Erdkröte bestehen sie aus zwei bis vier Ei-Reihen

dern mit klaren, sommerkalten Gewässern vorkommenden Feuersalamander und den in Gebirgen über 700 m lebenden Alpensalamander. Beide Salamanderarten paaren sich an Land. Der Feuersalamander setzt Larven nach einer Trächtigkeit von 4–10 Monaten im Gewässer ab. Dagegen bringt der Alpensalamander nach einer Tragzeit von 2–3 Jahren 1–2 voll entwickelte Jungtiere zur Welt. Dies ist als Anpassung an die rauhen Bedingungen im Gebirge zu sehen.

Verwandlungskünstler

Im Märchen wirft die Prinzessin den Frosch an die Wand, worauf sich dieser in einen schönen Prinzen verwandelt. Auch im richtigen Amphibienleben kommt es zu einer Umwandlung (Metamorphose), die beim genaueren Hinsehen nicht weniger spektakulär ist.

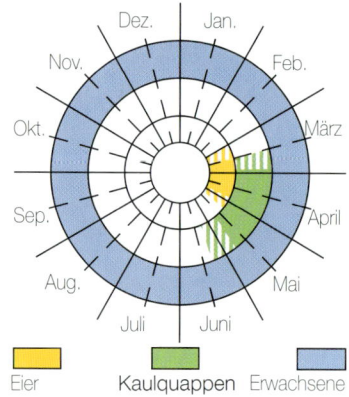

Eier — Kaulquappen — Erwachsene

Schließlich wandeln sich die zunächst fischähnlichen Amphibienlarven in Individuen um, die Miniaturausgaben der erwachsenen Frosch- und Schwanzlurche sind.

➤➤ Beobachten wir doch einmal im Gartenteich die Entwicklung frisch abgelegten Laichs. Die dunklen Eier sind zum Schutz von einer durchsichtigen gallertigen Masse umgeben. Bei warmem Wetter nehmen die Eier nach eini-

Entwicklungsschema der Erdkröte

gen Tagen eine kommaförmige Gestalt an. Schon bald erkennt man Kopf und Schwanz. Kurze Zeit später schlüpfen die mit äußeren Kiemen ausgestatteten Larven aus den Eihüllen und hängen zunächst an der Wasseroberfläche.

Ein weiterer Entwicklungsschritt ist die Rückbildung der äußeren Kiemen. Nach insgesamt 7 bis 8 Wochen beginnen sich die Beinchen auszubilden. Bei den Froschlurchen entstehen zuerst die Hinterbeine, bei den Schwanzlurchen die Vorderbeine. Wäh-

Bei den Larven der Schwanzlurche (Molche usw., links) entwickeln sich zuerst die Vorderbeine, bei den Froschlurchen (rechts), zuerst die Hinterbeine

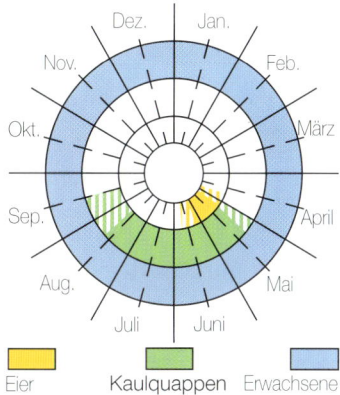

Entwicklungsschema
des Grasfrosches

Eier   Kaulquappen   Erwachsene

rend die langgestreckten Larven der Schwanzlurche den erwachsenen Tieren schon jetzt recht ähnlich sind, geht die Umwandlung der eher rundlichen Froschlurchlarven noch wesentlich weiter. Bei letzteren, die jetzt immer häufiger an der Wasseroberfläche hängen, um die neugebildeten Lungen mit Luft zu füllen, bildet sich alsbald der Schwanz zurück. Der Körper wird nun immer frosch- oder krötenähnlicher und eines Tages gehen die Jungtiere an Land. Die Umwandlung ist abgeschlossen.

Mit flinker Zunge

In ihren ersten Lebenstagen brauchen Amphibienlarven die Reste des Eidotters auf. Später ernähren sich Frosch-,

Kröten- und Unkenlarven von Algen, pflanzlichen und tierischen Resten. Molch- und Feuersalamanderlarven dagegen fressen wirbellose Kleintiere. Alle erwachsenen Amphibien nehmen fast ausschließlich tierische Nahrung zu sich, die je nach Art unterschiedlich zusammengesetzt sein kann. Dabei werden vorzugsweise sich in Bewegung befindliche Beutetiere aufgenommen. Dies geschieht z. B. bei den wasserlebenden Schwanzlurchen durch plötzliches Aufreißen des Maules, es entsteht ein starker Sog, der die Beute mitreißt. Frösche fangen ihre Opfer (z. B. Fluginsekten) meist im Sprung mit flinker, klebriger Zunge, die sie blitzartig vor-

schnellen lassen können. Die mit einer scheibenförmigen, angewachsenen Zunge ausgestatteten Unken und die Geburtshelferkröte überwältigen deshalb meist schwerfälligere Beutetiere und schlingen sie hinab. Dagegen schnappen Erdkröte, Wechselkröte und Kreuzkröte die Nahrung mit der Zunge.

Froschkonzert

Für den einen ist das Quaken der Frösche pures Naturerlebnis, für den anderen stellen die abendlichen und

Das Froschkonzert – hier ein quakender Teichfrosch – hat schon manche gutnachbarlichen Beziehungen gestört

nächtlichen Ruflaute eine erhebliche Ruhestörung dar. Ausgestattet mit resonanzverstärkenden, kopf- oder kehlständigen Schallblasen, kann schon eine Handvoll von Wasser-, Teich- oder Laubfröschen auf Freiersfüßen ein kräftiges Konzert anstimmen. So manche, gutnachbarliche Beziehung endete schon vor Gericht, weil man sich über das Pro oder Contra Froschkonzert der

kleinen lärmenden Gesellen nicht einigen konnte. Oft genug siegten die Froschgegner. Man sollte deshalb schon vor Anlage eines Teiches überlegen, ob man Amphibien ansiedeln will und welche Arten. Zuweilen ist aber eine Zuwanderung nicht zu verhindern. Ausschließlich die Froschlurche sind zu Lautäußerungen fähig. Recht leise und unaufdringlich ist der musikalische Beitrag der

meisten Kröten. Ebenfalls von geringerer Lautstärke ist das Rufen der Unken. Geradezu Großmäuler unter den Teichmusikanten sind die Grünfrösche (See-, Wasser-, Teichfrosch), deren Ruflaute kilometerweit zu hören sind. Es liegt auf der Hand, daß diese grünen Gesellen nicht nur in dichtbesiedelten Neubaugebieten eine Quelle stetigen Ärgers mit den Nachbarn sein können.

Die Kunst der Arterhaltung

Besonders für die Arten, deren Individuen als erwachsene Tiere überwintert haben oder als ausgewachsene, schlüpfbereite Larven oder Puppen, ist das Frühjahr die Zeit der Fortpflanzung. Zweierlei muß dabei gewährleistet sein: Zum einen müssen sich die Geschlechtspartner einer Art zuverlässig finden und eindeutig erkennen. Das mag in dicht besiedelten Lebensräumen noch recht einfach sein. Arten mit geringer Individuendichte müssen jedoch oft raffinierte Methoden entwickeln, um einen Geschlechtspartner aufzufinden. Vielleicht haben Sie in diesem Zusammenhang schon von den erstaunlichen Leistungen der Arten mit Sexuallockstoffen, sogenannten Pheromonen, gehört, die insbesondere bei einigen Schmetterlingen verbreitet sind. Aber auch »Blinksignale« (bei den Glühwürmchen) oder gezielte Wanderungen, z. B. in bestimmte Laichgewässer, gehören hierher (siehe S. 17). Letztlich ist aber auch die Bevorzugung ganz bestimmter Merkmale der Umwelt, der Fachmann spricht von der ökologischen Nische einer Art, ein guter Wegweiser zu Artgenossen: Man weiß einfach, wo man zu suchen hat.

Doch wie kann z. B. ein Insekt sicher den richtigen Geschlechtspartner unter den vielen oft täuschend ähnlichen Lebewesen herausfinden? Wie wir heute wissen, erkennen sich viele Arten nicht an äußeren Merkmalen, sondern an artspezifischen Verhaltensweisen. Zudem wird oft durch raffiniert gestaltete Kopulationsorgane die Begattung unter artfremden Individuen verhindert; man spricht auch vom »Schlüssel-Schloß-Prinzip«.

Die zweite wichtige Voraussetzung für eine erfolgreiche Fortpflanzung ist das Sichern des Überlebens der Nachkommen. Man unterscheidet hierbei zwei prinzipiell unterschiedliche Strategien. Die eine geht davon aus, möglichst viele Nachkommen zu produzieren, nach dem Motto: Je mehr Nachkommen, desto größer wird die Wahrscheinlichkeit, daß wenigstens einige wenige das geschlechtsreife Alter erlangen. (Rein statistisch ist der Fortpflanzungserfolg der Eltern gegeben, wenn sich zwei ihrer Kinder abermals fortpflanzen.) Besonders Arten mit rascher Generationsfolge, vielen Freßfeinden und/oder Besiedler instabiler Lebensräume (die z. B. durch Austrocknung gefährdet sind) verhalten sich nach diesem Muster. Im Gartenteich gehören etwa die Wasserflöhe (siehe S. 96), die Zuckmücken (siehe S. 45) oder die Stechmücken (siehe S. 61) dazu (vgl. auch S. 65).

Die andere Fortpflanzungsstrategie folgt dem Prinzip, den Eiern und Jugendstadien möglichst optimale Lebens- und Überlebensbedingungen zu verschaffen. Im Laufe der Evolution wurden dabei die raffiniertesten Tricks hervorgebracht. Hierzu gehören geschützte Eiablageplätze, etwa durch das Versenken der Eier in Pflanzengewebe, der Schutz vor Freßfeinden durch besondere Körpermerkmale, durch eingelagerte Giftstoffe oder durch Tarnen und Warnen, schließlich auch alle Formen der Brutpflege.

So vielfältig sind alle in diesem Abschnitt angedeuteten Möglichkeiten, daß ganze Bücher darüber geschrieben wurden. Ein besonders spannendes Beispiel dafür ist die Fortpflanzung der Libellen und Käfer.

Laubfrösche besitzen eine kehlständige Schallblase; sie können sehr laut rufen. Allerdings quaken nur die Männchen: Meist hört man sie zwischen April und Juni in den Abendstunden bis Mitternacht

1

Liebespaare im Tandem

Die Paarung der Libellen ist eine der außergewöhnlichsten im ganzen Insektenreich. ➤ Und da Libellen (noch!) recht häufig sind und auch an Gartenteichen vorkommen, können Sie dieses Schauspiel mit etwas Glück und Geduld selbst beobachten. Vielleicht sind Ihnen schon manchmal zwei Libellen aufgefallen, die aneinandergekoppelt durch die Luft sausen. Das ist der Auftakt zu ihrem merkwürdigen Fortpflanzungsverhalten.

Hat ein paarungswilliger Libellenmann ein Weibchen seiner Art entdeckt, stürzt er sich – beide sind in schnellem Flug – auf sie. Manchmal geht dem auch ein artspezifisches Werbeverhalten voran, etwa indem das Männchen vor dem Weibchen eine Art Tanz vorführt oder sitzend auffällige Bewegungen, insbesondere mit den Flügeln, macht. Im Flug packt das Männchen das Weibchen mit seinen Beinen zunächst am Kopf. Nun biegt es blitzschnell seinen Hinterleib bogenförmig nach unten vorn. Mit seinen Haltezangen am Hinterleibsende klammert es sich am Kopf oder an der Brust des Weibchens fest und läßt es sogleich mit den Füßen los, es entsteht ein so-

genanntes Tandem. Schon in dieser Phase passiert abermals Ungewöhnliches. Da das Männchen dem Weibchen nicht direkt sein Sperma übergeben kann, welches in den Geschlechtsorganen am Körperende gebildet wird, überführt es zunächst sein Sperma in die beiden Samentaschen am 2. Segment seines Hinterkörpers (das direkt hinter dem Brustabschnitt liegt). Dies geschieht innerhalb weniger Sekunden durch Vorkrümmen des Hinterleibs unter die Brust – alles im Flug und mit angekoppeltem Weibchen.

Nach dieser sogenannten Vorpaarung fliegt das Paar unterschiedlich lange – je nach Art bis zu 1 Stunde – als Tandem, bis es zur eigentlichen Begattung kommt. Dazu bilden die Partner das

Paarungsrad: Das Weibchen krümmt seinen Hinterleib so weit nach vorn, daß es die Geschlechtsöffnung am Hinterleibsende mit den artspezifischen Begattungsorganen an der Samentasche des Männchens verhaken kann (»Schlüssel-Schloß-Prinzip«). Die Begattung findet entweder im Flug, bei den meisten Großlibellen (siehe S. 47) im Sitzen statt.

Nach der Paarung löst sich das Paarungsrad, manchmal auch das Tandem; bei vielen Arten bleiben die Partner aber auch während der anschließenden Eiablage vereinigt, man bezeichnet dies oft als Nachpaarung. Die Eier können frei ins Wasser abgegeben werden, entweder durch kurzes, wippendes Eintauchen des Hinterleibs ins Wasser oder durch Abwurf im

Die Phasen der Fortpflanzung bei der Hufeisenazurjungfer: Tandem (ganz links), Paarungsrad (links) und Eiablage unter einem Seerosenblatt (unten)

Die hier geschilderten Vorgänge des Paarungsverhaltens der Libellen können die verschiedensten Abwandlungen erfahren, so kann z. B. die Vorpaarung erfolgen, kurz bevor das Männchen das Weibchen ergreift.

➤ Auf jeden Fall aber ergeben sich für jeden am Gartenteich faszinierende Möglichkeiten, eigene Beobachtungen anzustellen. Und wer die Lebensweise der Libellen kennt, kann die beobachteten Verhaltensweisen auch richtig einordnen. Wer noch mehr wissen möchte, kann sich auch in der Spezialliteratur, z. B. in Bestimmungsbüchern, informieren.

Innige Liebe beim Gelbrand

Nicht ganz so spektakulär wie bei den Libellen verläuft die Fortpflanzung bei den Schwimmkäfern. Da sie sich im Wasser abspielt, ist es auch schwerer, sie zu beobachten. Am ehesten erlauben die großen Arten einen genaueren Einblick in ihr Privatleben. Vielleicht ist ja auch in Ihrem Gartenteich der präch-

Flug. Viele Arten schieben die Eier aber auch mit Hilfe eines Legebohrers in lebende oder tote (z. B. morsches Holz) Pflanzenteile. Dabei werden die Eier oft in typischen, von Art zu Art verschiedenen Reihen und Mustern abgelegt. Das Weibchen der Azurjungfer schiebt z. B. seinen Hinterleib durch das Loch in

einem Seerosenblatt und plaziert die Eier in mehreren Reihen kreisförmig um die Öffnung. Überhaupt sind die Unterseiten von Schwimmblättern beliebte Eiablageplätze. Manche Arten gehen aber auch – oft gemeinsam mit dem Männchen – zur Eiablage ganz unter die Wasseroberfläche.

tige, elegante Gelbrandkäfer zu Hause. Seine Paarung findet überwiegend im Herbst – die begatteten Weibchen überwintern dann –, manchmal im Frühjahr, selten zu anderen Jahreszeiten, statt. Gelbrandkäfer zeichnen sich durch einen ausgeprägten Geschlechtsdimorphismus aus, d. h. Männchen und Weibchen lassen sich leicht an äußeren Merkmalen unterscheiden: Bei den Männchen fallen die mit Saugnäpfen besetzten und dadurch viel größer wirkenden Vorderfüße auf, die Weibchen haben meist deutlich gefurchte Flügeldecken.

➤ Achten Sie also das nächste Mal, wenn Sie einen Gelbrand sehen, auf diese Merkmale. Geübte erkennen den Unterschied auch, wenn die Tiere im Wasser sind. Hat ein Männchen ein Weibchen entdeckt – es kann es im Umkreis von 50 cm durch Duftstoffe wahrnehmen – stürzt es sich blitzschnell auf seine Partnerin. Das Männchen verankert sich fest auf dem Rücken, die Saugnäpfe an seinen Vorderfüßen dienen dabei zur Fixierung auf dem Halsschild des Weibchens. Zunächst versucht das Weibchen durch ungestüme Bewegungen seinen Partner abzuwerfen; danach werden oft schüttelnde und schau-

kelnde, stimulierende Bewegungen ausgeführt. Das Paar bleibt dann mehrere Stunden, manchmal sogar 2–3 Tage zusammen. Die eigentliche Begattung dauert etwa 15 Minuten. Dabei schiebt das Männchen eine Spermatophore, also seine in verschiedene Drüsensekrete fest eingehüllten Spermien, in die Geschlechtsöffnung des Weibchens. Danach wird vom Männchen eine weiße Kittsubstanz auf die Hinterleibsspitze des Weibchens gedrückt, die als sogenanntes Begattungszeichen meist den ganzen Winter über haften bleibt.

Außergewöhnlich ist, daß bis zum Ende der Begattung das Weibchen seinen Luftvorrat nicht erneuern kann. Obwohl das Männchen oft zum Luftschöpfen nach oben steigt, erlaubt es dem Weibchen nicht zu atmen. Nach Übergabe der Spermatophore ist das Weibchen so erschöpft, daß es der Hilfe des Männchens bedarf, um an der Wasseroberfläche Luft zu holen. Es wird vom Männchen erst losgelassen, wenn es sich vollständig erholt hat. Findet die Begattung im Herbst statt, speichert das Weibchen die aufgenommenen Spermien. Die Befruchtung der Eier findet erst bei der Eiablage im Frühjahr statt. Dann schiebt das Weibchen die Eier mit dem Legebohrer in lebendes Gewebe von Wasserpflanzen, an denen es sich knapp unter der Wasseroberfläche festklammert. Ein Weibchen kann von März bis Mai 200–1000 der langgestreckten, leicht gebogenen, etwa 7 mm langen Eier produzieren, die in mehreren Schüben abgelegt werden. Je nach Temperatur schlüp-

Gelbrandkäfer-Weibchen erkennt man an den gefurchten Flügeldecken. Es gibt aber immer wieder Exemplare, die dieses Merkmal nicht zeigen

Die Gelbrand-Männchen haben glatte Flügeldecken und an den Vorderbeinen je einen Saugnapf

fen nach 2–6 Wochen die Larven (siehe S. 52).

Die hier für den Gewöhnlichen Gelbrand geschilderten Verhältnisse, erfahren bei anderen Schwimmkäfern die verschiedensten Abwandlungen. So können die Eier oder Larven überwintern (auch bei anderen Gelbrand-Arten, von denen es 6 in Mitteleuropa gibt), die Eier können frei abgegeben oder sogar an Land in feuchte Erde oder Moos abgelegt werden, und natür-

lich zeigen nur wenige Arten einen so ausgeprägten Geschlechtsdimorphismus wie der Gelbrand.

➤ Am häufigsten wird man von alldem wohl die Kopulation der Käfer beobachten können. Oft bleiben die Tiere noch vereinigt, wenn man sie fängt und in ein Glas bringt.

Glasstäbchen im Gartenteich

Mit den räuberisch lebenden Larven der Büschelmücken lernen wir wahre Meister der Tarnung kennen:

➤ Ihr stäbchenförmiger Körper ist mehr oder weniger durchsichtig wie Glas. Des-

halb werden sie im Volksmund auch »Glasstäbchen« genannt. Durch diese Anpassung an ihren Lebensraum sind sie für Freßfeinde und ihre Beutetiere nur sehr schwer auszumachen. Nur wenn sie sich durch seitliches Schlagen des Hinterleibs im Wasserkörper ruckartig fortbewegen wird man auf sie aufmerksam und erkennt bei intensivem Hinsehen die großen schwarzen Augen so wie zwei silbrig glänzende, luftgefüllten Doppelblasen in ihrem Körper. Mit diesen nierenförmigen Luftröhrenblasen können die Larven ihren Auftrieb im Wasser regulieren. Dadurch sind sie fähig, horizontal in unterschiedlichen Wasserschichten mehr oder weniger regungslos zu schweben und auf ihre Beutetiere, meist Kleinkrebse, zu lauern. Diese packen sie durch blitzartiges Zusammenschlagen der Antennen. Sowohl die Larven als auch die Puppen atmen nicht an der Wasseroberfläche, sondern sie nehmen den im Wasser gelösten Sauerstoff über ihre Haut (Hautatmung) auf.

➤ Auch die Puppen schweben meist regungslos senkrecht im Wasser. Nur gelegentlich bewegen sie sich durch ruckartiges Schlagen des Hinterleibs etwas fort. An ihrem Vorderkörper befinden

sich zwei elliptische Atemhörnchen; der Hinterleib
hängt leicht gekrümmt nach
unten. Dadurch sehen die
Puppen wie kleine im Wasser
schwebende »Teufelchen«
aus. Nach wenigen Tagen
der Puppenruhe schwebt die
Puppe zur Wasseroberfläche,
wo das fertige Insekt
schlüpft.

**Glasstäbchen: die fast
unsichtbaren räuberischen
Larven der Büschelmücken**

Köcherfliegenlarven – geschickte Baumeister

Köcherfliegen besiedeln während ihres Lebens zwei gänz-
lich unterschiedliche Lebensräume, als voll entwickeltes
Insekt (Imago) den Luftraum
und in Form von verschiedenen Entwicklungsstadien
(Larven und Puppen) die unterschiedlichsten Gewässertypen.

➤ Entdecken Sie als auf-
merksamer Gartenteichbesitzer eine kleine Ansammlung

von sorgsam angeordneten
Pflanzenteilen, die sich wie
von Geisterhand getragen
langsam über den Teich-
grund bewegt, so haben Sie
das Glück, eine Köcherfliegenlarve zu beobachten, die
sich in ihrem selbstgebauten
Gehäuse langsam durch das
Wasser bewegt.

Diese genialen Baumeister
bauen ihr Gehäuse, den Köcher, der sie vor Räubern
schützt aus den unterschiedlichsten Materialien. Handelt
es sich um Arten, die schnell-
fließende Gebirgsbäche besiedeln, so finden wir sehr
derbe und aus großen Stein-
chen bestehende Köcher.
Hier bieten diese »tragbaren«
Unterkünfte nicht nur Schutz
vor Freßfeinden sondern dienen auch als Art Beschwerer.
Sie verhindern durch ihr großes Gewicht, daß die Bewohner von der starken Strö-
mung abgetrieben werden. In
langsam fließenden Gewäs-
sern finden wir dann immer
mehr Arten, die sehr elegante
und leichte Köcher bauen. In
stehenden Gewässern wird
dann fast völlig auf eine
Steinbauweise verzichtet.
Hier werden, wie wir bereits
beobachten konnten, die Köcher meist aus abgestorbenen Pflanzenteilen gebaut.
Eine Reihe von Köcherfliegenlarven besitzt keinen Köcher. Es sind dann schnelle

Pantasievolle Baumeister sind die Köcherfliegenlarven. In fließenden Gewässern bestehen die Gehäuse oft aus Steinen. In stehenden Gewässern wie dem Gartenteich bevorzugen sie als Baumaterial Pflanzenteile. Die Arten kann man an ihrem Köcher unterscheiden

und behende Jäger, für die ein Köcher nur eine unnötige Last bedeuten würde. Einige Vertreter dieser Gruppe schwimmen frei umher, andere haben spezielle Fangmethoden entwickelt, wie sie eigentlich nur bei den landbewohnenden Spinnen bekannt sind. Sie bauen Netze, deren Öffnung gegen die Strömung steht und in denen sie abgetriebene Tiere fangen. In stehenden Gewässern, wo kein Wasserstrom die Beute ins Netz treibt, findet man Köcherfliegenlarven, die eine Vielzahl von »Stolperfäden« zwischen den Wasserpflanzen aufspannen. Berührt ein Beutetier einen solchen Faden eilt die alarmierte Köcherfliegenlarve herbei und ergreift die Beute, um sie im sicheren Versteck zu verzehren.
Bei der Beobachtung von Köcherfliegenlarven im eigenen Gartenteich entsteht natürlich sofort Interesse an der Lebensweise dieser Baumeister. Die befruchteten Weibchen der Köcherfliegen legen die Eier direkt in das Gewässer ab oder kleben sie an Wasserpflanzen fest. Aus dem Ei entwickelt sich eine Larve. Da die Köcherfliegen wie alle anderen Insekten ein äußeres Skelett besitzen, müssen sie zum Wachsen ihren zu klein gewordenen äußeren Panzer gegen einen größeren wechseln – sie häuten sich. Bei Köcherfliegen geschieht dies 5–7mal. Anschließend kommt ein Ruhestadium, das Puppenstadium. Während dieser Zeit

Die ausgewachsenen Köcherfliegen sind nachtaktiv. Sie sehen den Motten ähnlich, mit denen sie auch verwandt sind

wird die gesamte innere Organisation der Köcherfliegen vom Wasserleben auf das Landleben umgestellt. Danach schlüpft aus der Puppe ein fertiges Insekt, das nun unseren Gartenteich verläßt, um ein kurzes Landleben zu beginnen. Die Tiere sehen den Motten sehr ähnlich (kein Wunder, die Köcherfliegen sind auch mit den Schmetterlingen verwandt). Der Landausflug der Köcherfliegen, der nur wenige Stunden bis einige Tage dauert, ist für die Fortpflanzung vorgesehen.

➡ Wenige Stunden nach der Paarung legen die Weibchen leuchtend gelb oder grün gefärbte Eier, die in Klumpen zusammengekittet sind, an Pflanzen ab. Bei einigen Arten tauchen die Weibchen sogar unter die Wasseroberfläche und legen ihr Eipaket auf den Gewässergrund. Während des Landlebens bleiben die Köcherfliegen, die eine Flügelspannweite von bis zu 6 cm erreichen können dem Beobachter verborgen, da sie ein nachtaktives Leben führen und den Tag in einem Versteck am Gewässerrand verbringen.

Hochzeit bei den Fischen

Die meisten Besitzer eines Gartenteiches erfüllt es mit Stolz, wenn sich bei ihren Fischen Nachwuchs einstellt. Zuerst sieht ja der ungeübte Beobachter die nur wenige Millimeter großen Larven kaum, die anfangs regungslos an Pflanzenstengeln hängen oder auf dem Boden liegen. Bei Fischarten mit besonderem Brutverhalten, wie

dem Dreistachligen Stichling oder dem Bitterling, bekommt selbst der aufmerksame Beobachter den Nachwuchs erst als schwimmfähige Jungtiere zu Gesicht. Doch hierzu später mehr. Wie bei allen Lebewesen gilt auch bei den Fischen die Arterhaltung als ein wesentlicher Lebenszweck. Bei den meisten Arten, die in unseren Gartenteichen gepflegt werden, erfolgt die Fortpflanzung im Frühjahr und Sommer. Zur Laichzeit weisen viele Fischarten (z. B. Bitterling, Dreistachliger und Neunstachliger Stichling, Elritze) eine prächtige Färbung auf. Vertreter aus der Familie der Karpfenfische bekommen häufig einen grieskornartigen Laichausschlag vor allem an Kopf und Vorderkörper. Während des Laichakts findet bei Fischen eine äußere Befruchtung statt. Die Abgabe von Eiern (Rogen) und Samen (Milch) erfolgt am Laichplatz direkt ins Wasser. Die Paarung kann, je nach Art verschieden, im Schwarm oder paarweise nach mehr oder weniger starkem Treiben erfolgen. Die Eier werden mittels eines klebrigen Sekretes an Wasserpflanzen, Wurzeln bzw. Steinen angeheftet (Rotfeder, Rotauge, Karausche, Karpfen, Moderlieschen, Schleie) oder zwischen Kieselsteinen abgelegt (Elritze). Andere Arten, die wegen spezieller Ansprüche an den Lebensraum nicht in unseren Gartenteichen gehalten werden können (z. B. Quappe, Felchen) stoßen ihre Eier im freien Wasser ab. Beim Flußbarsch findet man eine besondere Art der Laichbeschaffenheit. Er legt seine Eier in Form von langen Gallertbändern an Wasserpflanzen, Wurzeln, ins Wasser ragendes Astwerk und Steinen ab. Die Eier der verschiedenen Fischarten unterscheiden sich in ihrem Durchmesser, ihrer Färbung und ihrer Beschaffenheit. Recht kleine, klebrige Eier weisen z. B. Vertreter der Karpfenfische auf. Deren meist weißlich, grünlich, gelblich oder orange gefärbten Eier messen zwischen 1 und 3 mm im Durchmesser. Dagegen beträgt z. B. die Größe der rosafarbenen Eier der Bachforelle 4,5–6 mm. Auch die Anzahl der abgelegten Eier kann von Art zu Art stark variieren. Während der Bitterling auf Eizahlen zwischen 40 und 100 Stück kommt, können Flußbarsch, Karpfen, Rotauge und Brachsen mehrere Hunderttausend, die Quappe gar bis zu drei Millionen Stück ablegen. Diese hohen Eizahlen bedeuten jedoch nicht, daß sich die betreffende Fischart durch eine

Das Weibchen des Bitterlings legt seine Eier in den Kiemenraum von Fluß oder Teichmuscheln

hohe Nachkommenzahl auszeichnet. In der Regel treten bei solchen Fischarten beträchtliche Verluste auf. Mangelhafte Befruchtung, Laichräuber (andere Fische, Insekten, Kleinkrebse) und Umwelteinflüsse spielen hierbei eine bedeutende Rolle.

Die Entwicklungsdauer der Eier ist von der Wassertemperatur abhängig und kann je nach Art Tage bis Monate

Das Stichlings-Männchen beim Brustflossenfächeln am Nest

betragen. Mit Fortschreiten der Entwicklungszeit kann man in den Eihüllen die sich ausdifferenzierenden Embryonen erkennen. Gegen Ende der Embryonalentwicklung werden die Augen als dunklere Punkte durch die Eihüllen sichtbar, weswegen man dieses Entwicklungsstadium auch das Augenpunktstadium nennt.

Während die meisten Fischarten die Eier ihrem Schicksal überlassen, gibt es Arten (Bitterling, Dreistachliger Stichling, Moderlieschen), die ein interessantes Brutpflegeverhalten aufweisen. Der 5–9 cm

lange Bitterling benötigt zur Eiablage Fluß- oder Teichmuscheln.

➤ Bei klarem Wasser können Sie, wenn sie vorsichtig beobachten, das Paarungsverhalten der jetzt regenbogenfarben schillernden Fische verfolgen. Eventuell kann ein dunkler Eimer ohne Boden, der ins Wasser gehalten die Wasserspiegelung reduziert, hierbei gute Dienste leisten. Zuerst sucht das Männchen eine geeignete Muschel. Ist diese gefunden, führt das Männchen ein Weibchen zur ausgewählten Muschel, die gegen konkurrierende Paare verteidigt wird. Mittels einer mehrere Zentimeter langen Legeröhre werden die Eier (40–100 Stück) vom Weibchen durch die sog. Ausströmöffnung der Muschel in deren Kiemenraum plaziert. Anschließend gibt das Männchen über der Einströmöffnung seine Samen ab, der über den Wasserstrom zu den Eiern gespült wird. Für die weitere Entwicklung der Eier »sorgt« jetzt gezwungenermaßen die Muschel, die dadurch in keiner Weise geschädigt wird. Der Kiemenraum der Muschel fungiert somit quasi als Brutraum, in welchem die Bitterlingseier über das Atemwasser ihrer »Ziehmutter« ständig mit Sauerstoff versorgt werden. Nach

Stichlings-Männchen im
bunten Hochzeitskleid

2–3 Wochen schlüpfen schließlich die Fischlarven, um etwas später als schwimmfähige Brut (Größe etwa 10 mm) die Muschel zu verlassen.

Auch die Paarung des Dreistachligen Stichlings bietet vielerlei Beobachtungsmöglichkeiten. Aufgrund ihres umfangreichen Verhaltensrepertoirs bei der Fortpflanzung wurde diese Fischart zum »Paradeobjekt« der Verhaltenslehre.

➥ So grenzen die Männchen zu Beginn der Laichzeit Brutreviere ab, die gegen jeden Eindringling massiv verteidigt werden. Als Markierungspunkte zur Revierabgrenzung dienen den Männchen Pflanzen, Wurzeln, Steine und Bodenunebenheiten. Schließlich

beginnt das Männchen mit dem Bau des Nestes, welches in einer flachen Grube angelegt wird und aus Pflanzenfasern sowie Algenfäden besteht. Danach lockt das Männchen mit eigentümlichen, ruckartigen Bewegungen (sog. Zick-Zack-Tanz) ein laichreifes Weibchen zum Nest. Nach Ablage und Besamung der Eier versorgt und bewacht ausschließlich der Stichlingsmann das Gelege, indem er durch Brustflossenfächeln für Frischwasser sorgt, die Eier putzt und Feinde vertreibt. Diese Fürsorge erlahmt erst in dem Moment, in welchem die schwimmfähig gewordene Brut das Nest verläßt.

Auch das zwischen 6 und 9 cm große Moderlieschen

Stichlings-Männchen im bunten Hochzeitskleid

betreibt Brutpflege. Dieser Schwarmfisch hält sich meist oberflächennah in sonnendurchfluteten Wasserpflanzenbeständen auf. Bereits mit einem Jahr sind die Tiere geschlechtsreif. In der Laichzeit bildet das Weibchen eine kurze Legeröhre aus, womit es die etwa 50–100 Eier ring- und spiralenförmig angeordnet an Pflanzenstengeln ablegt. Das Männchen bewacht das Gelege. Zudem sorgt es für die Frischwasserzufuhr, indem es in regelmäßigen Abständen durch Antippen mit der Schnauze die Pflanzenstengel in Bewegung setzt.

2 Sommer

Ökologische Bemerkungen

Die Begriffe »Ökologie« bzw. »ökologisch« werden leider sehr oft falsch benutzt – um nicht zu sagen mißbraucht. Was wird im täglichen Sprachgebrauch auch nicht alles als »ökologisch« bezeichnet! Die Liste reicht von Nahrungsmitteln über Toilettenpapier bis zu Reinigungsmitteln und Plastikmaterialien. In all diesen Fällen sollte man besser die Begriffe »gesund« oder »umweltfreundlich« verwenden. Auch mit dem viel verwendeten Schlagwort »Biotop« wollen wir uns an dieser Stelle etwas näher befassen.

Ökologie ist die Wissenschaft von den Wechselbeziehungen der Organismen untereinander und mit ihrer unbelebten Umwelt. Diese Aussage mag Ihnen, liebe Leserin und lieber Leser, zunächst recht »gelehrt« und daher unverständlich erscheinen. Wir können aber auch einfacher sagen: Ökologie ist die Lehre vom Haushalt der Natur. Zum menschlichen Haushalt gehören einmal die darin lebenden jungen und alten Bewohner, sowie, falls vorhanden, auch ihre Haustiere und natürlich auch die Pflanzen im Haus, auf Balkonen und im Vorgarten. In der Natur nennen wir eine solche Gruppe von lebenden Organismen, die in einem gemeinsamen »Haushalt« leben, eine Lebensgemeinschaft (Biozönose). Zum menschlichen Haushalt gehört aber selbstverständlich auch das Haus als Wohn- und Lebensraum mit all seinen verschiedenen Räumen und mannigfachen Einrichtungen, die den Menschen und ihren Mitbewohnern das Leben ermöglichen oder zumindest erleichtern. Um wieder zur Natur zurückzukehren: hier bezeichnen wir die unbelebten Elemente, in denen die Lebensgemeinschaft wohnt und in denen ihre Lebensansprüche erfüllt werden, als Lebensraum (Biotop). Biotop und Biozönose bilden zusammen ein Ökosystem. Natürlich hängen Lebensraum und die darin wohnende Lebensgemeinschaft sehr eng zusammen: In einer kleinen und einfachen Höhle mag zwar ein Einsiedler leben – wenn er keine zu hohen Ansprüche stellt, vielleicht kann er sich sogar noch ein kleines Haustier leisten. Wenn der Einsiedler stirbt, ist die gesamte Lebensgemeinschaft erloschen und der Lebensraum leer – das Ökosystem existiert nicht mehr! Je größer und je besser mit Räumen und Einrichtungen ausgestattet ein Haus ist, umso mehr Bewohner mit unterschiedlichen Lebensansprüchen können darin auf Dauer leben – und um so stabiler ist das Ökosystem! Wir können daraus folgendes lernen, wenn wir diese Erkenntnisse auf unseren Gartenteich übertragen: Je mehr Strukturen wir schon bei der Anlage des Teiches einplanen und später auch realisieren, umso mehr Bewohnern wird der Biotop Gartenteich ein Heim bieten können. Solche Strukturen können z. B. Zonen mit unterschiedlicher Wassertiefe und mit unterschiedlicher Belichtung durch die Sonne, verschiedene Ufergestaltung, unterschiedliche Teichbodensubstrate usw. sein.

Je höher also die Strukturmannigfaltigkeit ist, umso mehr Nischen für spezialisierte Bewohner können gebildet und besiedelt werden. Man hat den Begriff »ökologische Nische« zutreffend mit dem Begriff »Beruf« in einer menschlichen Gesellschaft verglichen: je mehr Nischen vorhanden sind, umso mehr »Planstellen« für Bewohner mit verschiedenen Berufen gibt es. Eine große Zahl möglicher Nischen bedeutet aber auch ein höheres Maß an Stabilität, Selbständigkeit und

Unabhängigkeit von anderen Systemen – dies gilt für uns Menschen ebenso wie für alle anderen Lebewesen und natürlich auch für unser kleines Ökosystem Gartenteich.

Im täglichen Sprachgebrauch wird der Begriff »Biotop« fast immer falsch verwendet, nämlich zur Kennzeichnung eines besonders hochwertigen und deshalb schützenswerten Ökosystems. In Wirklichkeit ist jeder Lebensraum, der von einer Lebensgemeinschaft besiedelt wird – und sei er noch so strukturarm und klein, ein Biotop. Auch die Reeperbahn in Hamburg, der Alexanderplatz in Berlin oder der Stachus in München sind Biotope. Sie stellen zusammen mit einer artenarmen Lebensgemeinschaft, die üblicherweise aus Menschen, verwilderten Tauben und einigen kümmerlich lebenden Bäumen und anderen Pflanzen besteht, extrem verarmte Ökosysteme dar.

Noch ein kurzer, rein sprachlicher Hinweis: üblicherweise sagt man das Biotop; das hat sich, obwohl grammatikalisch falsch, so eingebürgert. Genaugenommen müßte man der Biotop sagen.

Nach diesem ziemlich theoretischen, gleichwohl aber notwendigen Ausflug in die Gefilde der Ökologie wollen wir uns jetzt den ökologischen

Die Gelbe Teichrose, auch Mummel genannt, blüht von Juni bis September. Das Wasser ist hier fast vollständig von Wasserlinsen bedeckt

Bedingungen in unserem Gartenteich zuwenden, die im Sommer wichtig und daher für uns wissenswert sind.
Der Sommer ist die Zeit des Wachstums. Die Temperaturen sind hoch, entsprechend schnell laufen die Lebensprozesse ab. Die Tage sind lang, die Lichtintensität ist hoch, deshalb ist die Photosynthese, die ja das Grundprodukt aller lebenden Substanzen, das Pflanzenmaterial, liefert, auch besonders intensiv.
Der Sommer ist aber für viele Lebewesen auch die Zeit der Fortpflanzung. Bei diesem Vorgang müssen wir zwei Typen unterscheiden, die geschlechtliche und die ungeschlechtliche Fortpflanzung.
Geschlechtliche Fortpflanzung ist die Regel bei den meisten Tieren und Pflanzen: Es gibt zwei verschiedene Geschlechter, nämlich weibliche und männliche Individuen, die jeweils unterschiedliche Geschlechtszellen bil-

den. Die Weibchen produzieren Eizellen, die Männchen Samenzellen. Bei manchen Tieren und bei vielen Pflanzen sind allerdings beide Geschlechter gemeinsam in einem Individuum vorhanden – man nennt sie Zwitter (Beispiele sind Blutegel oder Lungenschnecken sowie alle Pflanzen, deren Blüten Staubblätter und Fruchtknoten besitzen). In jedem Fall verschmelzen beim Prozeß der Befruchtung Samen und Eizelle. Aus der befruchteten Eizelle entsteht nach komplizierten Entwicklungs- und Wachstumsvorgängen ein neues Individuum.
Die ungeschlechtliche Fortpflanzung findet ohne Beteiligung von Geschlechtszellen statt. Bei Pflanzen können aus Ausläufern, Brutknospen oder ähnlichen Bildungen neue Pflanzen entstehen. Wir machen uns die ungeschlechtliche Fortpflanzung der Pflanzen zunutze, wenn wir sie mittels abgeschnittener Sproßteile, die sich im Boden bewurzeln, vermehren. Im Tierreich ist die ungeschlechtliche Fortpflanzung besonders bei einfachen Formen verbreitet. So gibt es z. B. Würmer, die durch Querteilung neue Individuen abschnüren. Süßwasserpolypen bilden durch Knospung Nachkommen.

2

Pflegemaßnahmen

Während des Sommers, das sei vorweggesagt, sollten sich die Pflegemaßnahmen auf ein Minimum beschränken! Jeder unnötige und zu grobe Eingriff in unseren Gartenteich könnte nämlich zur Störung oder sogar zur Zerstörung der Lebewesen führen, die sich gerade jetzt in ihrer intensivsten Wachstumsphase oder sogar schon im Fortpflanzungsstadium befinden.

Erforderlich könnte es höchstens sein, zu üppig wucherndes pflanzliches Material zu entfernen. Dies gilt insbesondere für Fadenalgen und für Wasserlinsen, wenn sie sich zu üppig vermehrt haben. Die Ursache dafür ist, man kann es nicht oft genug sagen, ein zu hoher Nährstoffgehalt unseres Teichwassers. Es ist in der Praxis unmöglich, diese Nährstoffe direkt aus dem Wasser zu entfernen. Sinnvoll und durchführbar ist es dagegen, die Nährstoffe in Form der »Biomasse«, die aus ihnen gebildet wurde, zu vermindern. Unter Biomasse versteht man alle lebende Substanz, sei sie pflanzlicher, tierischer oder bakterieller Herkunft.

Bei der Entnahme der überschüssigen Pflanzen müssen Sie gerade in dieser Jahreszeit sehr vorsichtig vorgehen. Wasserlinsen kann man mit einem Rechen oder noch einfacher mit einem Brett zusammenschieben und dann vorsichtig aus dem Wasser schöpfen. Fadenalgen sind schwieriger zu entnehmen, weil die Gefahr besteht, daß man mit dem Fadenalgengeflecht auch andere Pflanzen, die man gerne im Gartenteich belassen möchte, aus dem Wasser zieht. Am besten verwendet man einen Stock, um den man unter langsamem Drehen die Algenfäden wickelt um sie dann vorsichtig aus dem Wasser zu heben und vom Stock abzustreifen. Sehr wichtig ist es, das entnommene Pflanzenmaterial direkt am Rande des Garten-

teichs abzulegen und dort einige Tage liegen zu lassen, damit Kleintiere, die versehentlich mit aus dem Wasser gezogen wurden, eine Chance haben, dorthin zurückzukehren.

Das entnommene Pflanzenmaterial müssen Sie dann vom Teichrand entfernen – sonst würden die im Lauf der Zeit daraus freigesetzten Nährstoffe wieder in den Gartenteich geschwemmt. Es ist am besten, dieses Material auf dem Komposthaufen, den jeder natur- und umweltbewußte Gartenbesitzer ohnehin hat, verrotten zu lassen. Sehr nützlich wäre es auch, wenn Sie gelegentlich an unterschiedlichen Stellen Ihres Teichs und zu unterschiedlichen Tageszeiten die Wassertemperatur messen würden. Ebenfalls interessant ist es, mit einem der käuflichen Meßsätze (sie sind nicht einmal sehr teuer) den Stickstoff- bzw. den Nitratgehalt des Wassers zu bestimmen. Da diese Verbindungen die wichtigsten Nährstoffe sind, könnten Sie schon aus dem Meßergebnis sehen, ob eine Nährstoffanreicherung stattgefunden hat.

So werden Fadenalgen vorsichtig aus dem Teich entfernt

Ein Tag am Gartenteich

Schon ein Jahr nach Fertigstellen Ihres Gartenteichs hat sich ein reichhaltiges Wasserleben eingestellt. Mit seinen unterschiedlichen Zonen stellt er nun ein kleines, komplexes Ökosystem dar, das in Ihnen die Lust zur Naturbeobachtung keimen läßt. Er ist für Sie nicht nur ein Ort der stillen Erholung, an dem Sie sich an den verschiedenartigsten Lebensformen im und am Gartenteich erfreuen können, sondern er bietet Ihnen auch die Möglichkeit, einmal in die Rolle eines Biologen zu schlüpfen und am Beispiel des Gartenteiches ökologische Zusammenhänge sowie die Lebensweise verschiedener Tiere und Pflanzen zu studieren.

Sicher werden Sie den Entschluß nicht bereuen, an einem schönen Frühsommertag das bunte Treiben am Teich etwas intensiver zu beobachten. Bereits früh am Morgen nähern Sie sich, vom melodischen Gezwitscher der gefiederten Gäste begleitet, dem Teich. Wenn Sie nicht ganz vorsichtig sind, haben Sie leicht die morgendliche Ruhe eines grünen Wasserfrosches gestört, der sich schon seit einer geraumen Zeit in Ihrem Teich angesie-

Teichmolch-Männchen im Hochzeitskleid

delt hat. Vielleicht hatten Sie den Eindruck, daß sich der Frosch mit der Zeit schon etwas an Ihre Anwesenheit gewöhnt hat und bei Ihrer Annäherung bereits etwas länger an seiner Uferstelle, die er gerne zum Sonnenbaden aufsucht, verweilt. Trotzdem hat es das scheue Tier nun vorgezogen, sein morgendliches Sonnenbad jäh zu unterbrechen und sich mit einem gewaltigen Sprung ins kühle Naß vor dem Eindringling in Sicherheit zu bringen. Als wechselwarmes Tier benötigt der Frosch die Sonnenstrahlung, um sich aufzuwärmen

und seine Sprungkraft zu erhalten.

Trotz Ihres ruhigen Verweilens dauert es einige Minuten, bis Sie den Frosch wieder zwischen den Pflanzen auftauchen sehen. Seine gelbgrüne Färbung mit dunklen Flecken und Streifen gewährt ihm eine ausgezeichnete Tarnung im Pflanzengewirr des Teiches. Er kann deshalb relativ lange unter Wasser bleiben, weil die Lurche neben der Atmung durch die Lungen auch Sauerstoff aus dem Wasser über ihre Haut (Hautatmung) aufnehmen können. Verhalten Sie sich jedoch einige Zeit ruhig, so können Sie beobachten, wie der Frosch wieder an seine alte Stelle am Ufer zum Sonnenbaden zurückkehrt. Mit etwas Glück können Sie auch beobachten, wie er mit einem Satz eine Fliege fängt, die er noch während des Sprungs in der Luft geschickt mit der Zunge ergreift.

Mit der steigenden Temperatur nimmt auch die Aktivität der Insekten am Rande des Gartenteichs zu.

➤ Durch das Schwirren in der Luft aufmerksam gemacht, wandert Ihr Blick auf eine Schwebfliege, die fast bewegungslos, nur mit den Flügeln schlagend, in der Luft steht und sich dann auf einer Blüte zur Aufnahme von Nektar niederläßt. Mit ihrer gelbschwarzen Körperzeichnung sieht dieses harmlose Insekt einer Wespe sehr ähnlich. Diese Fliege verhält sich offenbar wie ein »Hochstapler«, indem sie ihren Feinden eine Gefährlichkeit vorgaukelt, die ihr gar nicht eigen ist. Die Nachahmung gefährlicher Tiere durch im Grunde harmlose Tiere ist im Tierreich weit verbreitet, weil dadurch den

harmlosen Tieren ein gewisser Schutz vor ihren Feinden zukommt.

➤ Interessieren Sie sich etwas mehr für das Leben im Gartenteich, dann sollten Sie sich einen geeigneten Standort suchen, von dem aus Sie gut ins Wasser schauen können. Vermeiden Sie dabei, daß der Blick ins Wasser durch zu starke Spiegelungen auf der Wasseroberfläche erschwert wird. Am besten ist es, wenn die Sonneneinstrahlung von hinten schräg auf das Wasser fällt und Sie einen hellen Teichuntergrund auswählen. Sie werden von der Vielzahl der Wassertiere – Wasserkäfer, Wasserwanzen, Kleinkrebse oder Schnecken – überrascht sein, die sich in der beobachteten Wassersäule oder am Boden des Gewässers aufhalten. Bestimmt fallen Ihnen große Unterschiede im Verhalten der einzelnen Tiere auf. Manche jagen unentwegt ihrer Beute nach, während andere wiederum träge im Wasser schwimmen und ihre Nahrung als Filtrierer aufnehmen; manche kommen zum Atmen an die Wasseroberfläche, andere nicht.

➤ Sie sehen gerade einen Wasserkäfer, der eben noch einer Stechmückenlarve nachjagte und jetzt plötzlich zur Wasseroberfläche strebt.

Mit seinem Hinterleib durchstößt er die Oberfläche, um wenig später wieder mit gleichzeitigem kräftigen Schlagen der Hinterbeine in die Tiefe abzutauchen. Dabei hat er Luft mit seinen am Körperende mündenden Luftröhren aufgenommen. Übrigens können Sie jetzt schon erkennen, daß es sich bei dem Käfer um einen »Schwimmkäfer« handelt. Das gleichzeitige Schlagen mit den Beinen und

das Luftholen mit dem Hinterleib ist charakteristisch für sie.

➤ Mit etwas Glück können Sie auch einen Molch beobachten, der regungslos zwischen den Pflanzen verweilt, um dann blitzschnell eine Mückenlarve zu ergreifen. Molche halten sich nur während der Fortpflanzungszeit in Ihrem Gartenteich auf und kehren später wieder an Land zurück. Der hohe eingekerbte Rückenkamm sowie der mit farbigen Längsstreifen versehene Schwanzsaum läßt erkennen, daß es sich um ein Molchmännchen während der Paarungszeit handelt. Auch die Wasseroberfläche stellt sich als Tummelplatz vieler Tiere dar, die die Oberflächenspannung des Wassers für ihre Bewegung oder zum Festhalten geschickt ausnutzen.

➤ Elegant gleitet der Wasserläufer durch ruckartiges Schlagen seiner weit ausladenden Mittel- und Hinterbeine über die Wasseroberfläche. Er wird von den verzweifelten Bewegungen einer ins Wasser gefallenen Fliege angelockt: Mit seinen kürzeren Vorderbeinen ergreift er die Beute, um sie mit seinem Stechrüssel auszusaugen.

➤ Eine bis zu 5 cm lange Spitzschlammschnecke hängt mit der glatten Unterseite ihres breiten, sehr beweglichen Fußes unter der Wasseroberfläche und scheint damit alle physikalischen Gesetze außer Kraft setzen zu wollen. Deutlich erkennen Sie, wie sie beim Gleiten mit ihrer Raspelzunge von unten die feine Haut von Mikroorganismen an der Wasseroberfläche abweidet. Plötzlich wird diese Ruhe durch das einsetzende Quaken des Frosches unterbrochen. Das Froschmännchen mit den deutlich hervortretenden Schallblasen macht seinen Revieranspruch geltend und lockt mit seinen typischen Quaktönen ein Weibchen für die Paarung an.

Abendstimmung am Gartenteich

41

2

Zwitter im Gartenteich: Schnecken

Als Gartenbesitzer stehen Sie womöglich mit ihnen auf Kriegsfuß. Aber keine Angst – hier soll es ausschließlich um Wasserschnecken gehen. Und auch um Ihre prächtige Gartenteich-Bepflanzung müssen Sie sich bei diesem Thema nicht sorgen (vgl. S. 58).

Sie haben auf S. 37 gelesen, daß Zwitter, also auch unsere Süßwasserlungenschnecken, zugleich männliche und weibliche Geschlechtsorgane besitzen. Dies heißt aber üblicherweise nicht, daß Selbstbefruchtung stattfindet. Vielmehr paaren sich diese Tiere – bei Schnecken oft und leicht zu beobachten –, in-

Die feste, gelatineartige Laichschnur einer Spitzschlammschnecke

Deutlich sieht man auf diesem Foto das geöffnete Atemloch der Spitzschlammschnecke

dem jedes Individuum Sperma auf den Partner überträgt. Allerdings sind nicht alle Schnecken Zwitter. Die Vorderkiemer – bei ihnen kann die Gehäuseöffnung mit einem Deckel verschlossen werden – sind meist getrenntgeschlechtlich. Bei der Sumpfdeckelschnecke können Sie sogar am kolbenförmig verdickten rechten Fühler das Männchen vom Weibchen unterscheiden.

In Ihrem Gartenteich werden sich freilich selten Deckelschnecken einfinden; am ehesten noch die kleine Schleischnecke. Ein Teich im Garten ist vielmehr das Revier für Süßwasserlungenschnecken. Die Vertreter der 2 größten Familien können sie leicht erkennen: einmal die Tellerschnecken mit flachem, spiralig aufgerolltem Gehäuse und fadenförmigen Fühlern, zum andern die Schlammschnecken mit meist spitzkegelförmigem Gehäuse und breit-dreieckigen Fühlern. Als Lungenschnecken sind diese Tiere auf Sauerstoff aus der Luft angewiesen.

➤ Sie können zum Beispiel eine Spitzschlammschnecke (mit einer Gehäusehöhe von bis 6 cm zugleich unsere größte Süßwasserschnecke) gut beobachten, wenn sie zum Luftholen in größeren Abständen an die Oberfläche

kommt. Deutlich sieht man das Atemloch, das vorne rechts unter der Schale in die Lungenhöhle mündet. Wasserschnecken sind aber auch zu intensiver Hautatmung (vgl. S. 90) in der Lage, viele Tellerschnecken besitzen kiemenähnliche Organe, und die Vorderkiemer decken ihren Sauerstoffbedarf sogar über echte Kiemen.

Doch zurück zu den Schlammschnecken, genauer: zu ihrer Fortpflanzung. Nach der Begattung kleben die Tiere dicke Laichschnüre an feste Unterlagen.

➤➤ Wenn Sie im Sommer einmal im Wasser liegende Blätter umdrehen oder Steine bzw. Zweige im Wasser untersuchen, können Sie vielleicht die manchmal über 60 mm langen, etwa 8 mm breiten, gelatineartig festen Laichballen finden. Schon mit bloßem Auge kann man die etwa 100 Eier darin erkennen, mit einer Lupe sogar die Embryonen, die sich darin entwickeln. Beim Schlüpfen haben die kleinen Schnecken bereits ein Gehäuse. Laichform, -größe und Zahl der Eier sind natürlich von Art zu

Zwei Spitzschlammschnecken bei der Kopulation. Da die Lungenschnecken Zwitter sind, kann jedes Tier sowohl als Männchen als auch als Weibchen aktiv sein

Art verschieden. Tellerschnecken etwa legen runde Laichballen ab.

Die Lebenserwartung unserer Süßwasserschnecken liegt etwa bei 2 Jahren, größere Arten wie die Spitzschlammschnecke können bis 4 Jahre alt werden.

2

Zeigerorganismen

Als Baumeister eines Gartenteichs ist es Ihr Ziel, ein Naturkleinod zu schaffen. Ob dieses Werk gelungen ist, zeigen Ihnen ganz bestimmte Organismen. Schon bei der Anlage des Teichs haben Sie sich intensiv mit der Frage der richtigen Bepflanzung beschäftigen müssen.
Pflanzen wie Tiere stellen bestimmte Ansprüche an ihren Lebensraum, um gedeihen zu können. Es ist insbesondere das Angebot an Wasser und an Nährstoffen, das den Standort der Pflanzen am und im Gartenteich maßgeblich beeinflußt. Im Zentrum des Teichs wachsen ständig untergetauchte Pflanzen oder Schwimmblatt-Gewächse wie z. B. Seerosen, die nur im Wasserkörper existieren können. Am Rande finden amphibische Gewächse, wie Binsen, Rohrkolben oder Schilf ihren Lebensraum. Zum mehr trockenen Land hin haben Sie großwüchsige Seggen mit Erfolg angepflanzt. Bestimmte Pflanzengesellschaften, wie z. B. Röhrichte, können Ihnen damit einen bestimmten Feuchtigkeitsgrad des Lebensraumes anzeigen. Sie werden somit zu sogenannten »Zeigerorganismen«. Das Charakteristische von Zeigerorganismen ist, daß ihr

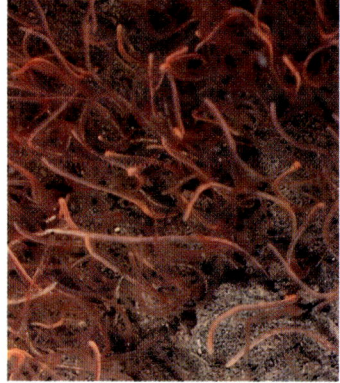

Wenn der Schlammröhrenwurm in solchen Mengen auftritt, ist dies ein Zeichen für starke organische Belastung des Wassers

Vorkommen oder Fehlen mit ganz bestimmten Umweltverhältnissen in Verbindung gebracht werden kann. Die Zeigerorganismen benötigen spezielle Umweltfaktoren, die ihr Vorkommen begünstigen. Kennen Sie die Lebensansprüche der Zeigerorganismen, so können Sie eine Aussage über die Qualität des Lebensraumes treffen, ohne aufwendige Untersuchungen anstellen zu müssen. Zeigerorganismen können Ihnen z. B. Auskunft über den Nährstoffgehalt, den Verschmutzungsgrad, den Sauerstoffgehalt des Wassers oder über das Angebot an Licht bzw. Schatten geben. Stellen Sie z. B. ein übermäßiges Algenwachstum und damit verbunden eine Grünfär-

bung des Wassers fest, so zeigt dies einen hohen Nährstoffgehalt des Wassers an. Üblicherweise ist das Angebot an gelöstem Phosphat im Wasser gering, wodurch ein übermäßiges Pflanzenwachstum verhindert wird. Düngung oder das Einbringen von phosphat- oder nitrathaltiger Erde in den Gartenteich kann zur Überdüngung und zu explosionsartigem Algenwachstum führen. Die abgestorbenen Algen werden unter Sauerstoffverbrauch von Bakterien abgebaut; es kommt zu starkem Sauerstoffverlust, ja sogar bis zur Sauerstofflosigkeit am Gewässerboden und damit zu lebensfeindlichen Bedingungen. Dieses einfache Beispiel zeigt, wie Sie aus dem Vorkommen und der Häufigkeit einzelner Zeigerorganismen den Zustand ihres Teiches beurteilen können.
Diese Tatsache machen sich auch Biologen bei der Beurteilung von Fließgewässern hinsichtlich ihrer Güteklasse bzw. ihres Verschmutzungsgrades zunutze. Das Vorkommen verschiedener Zeigerorganismen gibt Ihnen Auskunft über die biologische Selbstreinigung eines Fließgewässers. Ähnliches gilt für die Beurteilung von stehenden Gewässern. Eine Grundvoraussetzung für die richtige

Deutung der Umweltbedingungen durch Zeigerorganismen ist natürlich, daß Sie die jeweilige Gruppe und ihre besonderen Lebensansprüche genau kennen. Einige wichtige Zeigerorganismen und ihre Bedeutung finden Sie in den folgenden Kapiteln, damit Sie den Zustand Ihres Gartenteichs besser beurteilen können.

Der Schlammröhrenwurm

Im Herbst sterben Pflanzen ab und zersetzen sich. Sie haben inzwischen am Boden des Gartenteichs eine deutlich sichtbare Schlammschicht gebildet.

➤ Vielleicht fallen Ihnen seit einiger Zeit bei vorsichtiger Annäherung sonderbar anmutende mennigrote Flecken an der Schlammoberfläche auf, die bei einer unvorsichtigen Bewegung blitzschnell verschwinden. Um dieses Phänomen zu untersuchen, sollten Sie mit einem Löffel vorsichtig etwas Schlamm entnehmen und in eine weiße Plastikschüssel geben. Sie erkennen einen Gesellen, der vielen Aquarianern als Fischfutter wohlbekannt ist – den Schlammröhrenwurm. Die bis zu 8 cm langen Würmer bewohnen im Schlamm senkrechte Röhren, die sie durch Verkleben von Schleim und Schlammpartikeln bilden. Die

Öffnungen der Röhren überragen – kleinen Kratern gleich – die Schlammoberfläche, aus denen das Hinterende des Wurmes herausragt. Mit diesem führt er ständig schwingende Bewegungen aus, um frisches Wasser heranzuführen. Beim Atmen saugt er Wasser in seinen Enddarm ein. Die Darmwand ist reich an Blutgefäßen und kann, einer Lunge vergleichbar, den Sauerstoff aufnehmen. Der Blutfarbstoff ermöglicht eine optimale Nutzung des Sauerstoffangebots. Dadurch können diese Würmer auch den Schlamm von stark verschmutzten Gewässerabschnitten besiedeln, wo sie oft zu Tausenden vorkommen. Sie sind Zeigerorganismen für organisch belastete Gewässerabschnitte.

➤ Mit dem Körpervorderende hängt der Wurm in seiner Röhre und schlürft den Schlamm ein, um die faulen-

den Pflanzenteile als Nahrung zu verwerten. Bei Störung zieht er sich zum besseren Schutz blitzschnell in seine Wohnröhre zurück, um sich z. B. dem Zugriff der Fische zu entziehen.

Tanzende Zuckmücken

In milden Sommernächten fallen uns häufig die meist grün oder braun gefärbten Zuckmücken auf, die in großer Zahl vom Licht angelockt um Laternen fliegen. Beim Sitzen strecken die buckelig aussehenden Mücken ihre Vorderbeine nach vorne, mit denen sie zuckende Bewegungen vollführen. Daher der Name »Zuckmücken«. Gelegentlich tanzen die Mücken in großen Schwärmen über

Auch rote Zuckmückenlarven zeigen ein erhebliches Überangebot an Nährstoffen an

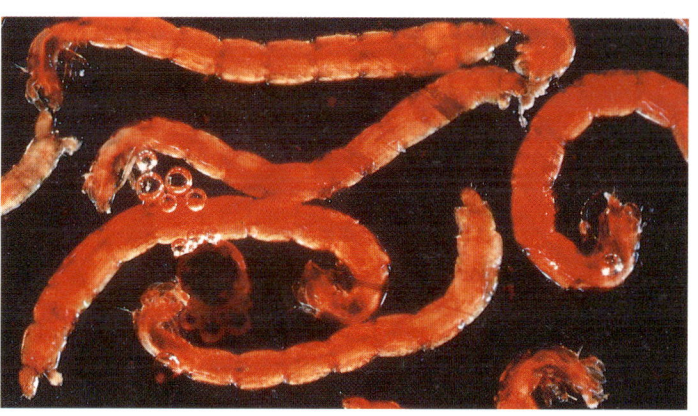

Büschen oder anderen exponierten Stellen im Garten. Dabei handelt es sich um männliche Zuckmücken, die sich zu Tanzschwärmen zusammenfinden, um weibliche Mücken für einen kurzen Hochzeitsflug anzulocken. Häufig werden diese Mücken mit den ähnlich aussehenden Stechmücken verwechselt. Im Gegensatz zu diesen besitzen sie jedoch keinen Stechrüssel. Ihre Mundwerkzeuge sind verkümmert, denn die Fluginsekten leben nur für kurze Zeit, die ausschließlich der Fortpflanzung dient. Mit der Fortpflanzung und der Lebensweise der Larven ist auch die Verbindung zu Ihrem Gartenteich wieder hergestellt.

➸ Viele Zuckmücken-Weibchen lassen nämlich bei der Eiablage ihre wenige Millime-

Die erwachsenen Zuckmücken besitzen keinen Stechrüssel; da sie nur wenige Tage leben, nehmen sie keine Nahrung mehr zu sich

ter großen Eiballen ins Wasser fallen, wo sie zu einem mehrere Zentimeter großen gallertigen wurstförmigen Strang aufquellen, in dem die einzelnen Eier eingebettet sind. Nicht selten finden Sie viele dieser Gelege im Wasser, wo sie an Steinen oder Pflanzen angeheftet sind. Bei genauem Hinsehen erkennen Sie in ihnen die einzelnen Eier oder sogar die gerade geschlüpften Larven. Alsbald suchen die wurmförmigen Larven ihren eigentlichen Lebensraum, meist den Gewässerboden, auf. Dort bauen sie aus einem Sekret ihrer Speicheldrüsen röhrenartige Gespinste, in die kleinere Schlammpartikel eingelagert sind. Diese Gespinströhren finden Sie an Steinen und Pflanzen oder noch häufiger im Bodensediment des Teiches.

➸ Die Larven führen ihren Wohnröhren durch wellenförmige, schlängelnde Bewegungen sauerstoffreiches

Wasser sowie kleinste Nahrungspartikel wie einzellige Algen oder abgestorbene Pflanzenteile zu. Nach vier Häutungen entstehen aus den Larven die Puppen, die am Ende der Entwicklung an die Wasseroberfläche steigen, wo die fertigen Mücken sich aus der Puppenhülle befreien. Durch ihr oft massenhaftes Auftreten sind die Zuckmücken als Larven und Puppen eine wichtige Nahrungsgrundlage für Fische und als fertige Insekten für Vögel. Die Larven tragen durch die Vertilgung von abgestorbenen Pflanzen und Algen maßgeblich zur Selbstreinigung ihres Gartenteichs bei. Beim Schlüpfen der Fluginsekten werden so indirekt ihrem Gartenteich die zur Überdüngung führenden organischen Stoffe in Form von »entfliegender Biomasse« entnommen.

Das zahlreiche Auftreten von bestimmten Zuckmückenlarven deutet daher auch auf eine Überdüngung Ihres Gartenteichs hin, womit die Zuckmückenlarven zu wichtigen Zeigerorganismen für die Qualität des Gartenteichs werden.

➸ Die Larven, die nährstoffreiches Wasser anzeigen, besitzen meist roten Blutfarbstoff in ihrer Körperflüssigkeit, wodurch sie eine rote Fär-

Eine schlanke Kleinlibellen-
larve in typischer Lauerposi-
tion; auffällig sind die drei
blattförmigen Anhänge am
Hinterleibsende

bung erhalten. Der Blutfarbstoff, das Hämoglobin, ermöglicht es ihnen, auch in
den sauerstoffarmen Zonen
des Teiches durch optimales
Ausnutzen des vorhandenen
Sauerstoffs zu leben. Andere
Zuckmückenarten, die keinen
Blutfarbstoff besitzen, können
dagegen Zeigerorganismen
für sauerstoffreiches, nähr-
stoffarmes Wasser sein.

Libellen – der Trick mit der Fangmaske

Im Teil »Frühling« haben Sie
einiges über die Fortpflanzung der Libellen erfahren
(siehe S. 24). Wie geht es
aber nach der Eiablage weiter? Je nach Art und Temperatur schlüpfen nach wenigen
Wochen die Larven. Manch-
mal überwintern aber auch
die Eier. Die zunächst sehr
kleinen Larven wachsen im
Verlauf von 9–15 Häutungen
(siehe S. 50) zu mehreren
Zentimetern Größe heran. Die
Larvalentwicklung dauert je
nach Art und Lebensbedin-
gungen unterschiedlich lang.

Sie kann bereits nach
3–4 Wochen abgeschlossen
sein, aber auch 3–5 Jahre in
Anspruch nehmen (z. B. bei
den Zweigestreiften Quell-
jungfern). Arten, die im Gartenteich vorkommen, zeichnen sich meist durch einen
schnellen Entwicklungszyklus
aus.

➤➤ Wenn Sie Libellenlarven in
Ihrem Gartenteich beobachten, werden Sie rasch feststellen, daß es zwei grundsätzlich verschiedene Typen
gibt. Die einen sind sehr
schlank und besitzen am Hinterleibsende 3 auffällige, läng-
lich-blattförmige Anhänge.
Andere dagegen wirken eher
plump; ihnen fehlen solche
Blättchen, stattdessen haben
sie meist ein paar kräftige
Dornen am Hinterleibsende.
Was Sie beobachtet haben,
sind die wichtigsten Unterschiede der 2 Gruppen, in die

Wissenschaftler die Libellen
einteilen. Die erste Gruppe
nennt man Kleinlibellen, die
zweite Großlibellen. Auch als
erwachsene Tiere sind sie
leicht zu erkennen. Kleinlibellen (siehe Foto S. 25) besitzen
einen schlanken, dünnen
Körper; die Flügel sind gleich
geformt und werden in Ruhe
dem Körper angelegt oder
schräg abgespreizt; ihre
kugeligen Augen stehen seitlich am Kopf. Die Großlibellen
sind viel kräftiger gebaut; ihre
Hinterflügel sind deutlich breiter (nicht länger!) als die Vorderflügel; in Ruhe werden die
Flügel waagrecht abgespreizt;
und bei fast allen Großlibellen
stoßen die großen Augen in
der Kopfmitte zusammen.

➤➤ Achten Sie, wenn Sie das
nächste Mal Libellen beobachten, auf diese Merkmale,
die leicht wahrzunehmen
sind.

Großlibellenlarven wirken viel kräftiger als Kleinlibellenlarven (vgl. Foto S. 47). Ihnen fehlen die »Blättchen« am Körperende. Die großen Flügelscheiden zeigen an, daß dieses Tier kurz vor der Verwandlung steht

Doch zurück zu den Larven. Arten des Gartenteichs werden sich überwiegend zwischen den Wasserpflanzen aufhalten. Zur Atmung müssen sie nicht an die Wasseroberfläche steigen. In ihrem Enddarm befinden sich viele feine Tracheenkiemen (vgl. S. 91) und gewährleisten bei ständigem Wasseraustausch die Sauerstoffversorgung.

➡ Großlibellenlarven können bei Störung durch starke Muskelkontraktion dieses Wasser so rasch ausstoßen, daß sie raketenartig einen großen Satz nach vorn machen, um so z. B. einem Feind zu entkommen. Bei den Larven der Kleinlibellen übernehmen auch die bereits beschriebenen Blättchen am Körperende Kiemenfunktion. Die Larven nutzen sie aber auch als Ruderorgan und bewegen sich mit seitlichen Körperschlägen durch das Wasser.

Sehr interessant ist auch die Ernährung der Libellenlarven. Viele sind typische Lauerjäger.

➡ Das können Sie gut beobachten: Stundenlang sitzt die Larve bewegungslos an der gleichen Stelle. Dabei paßt sie sehr genau auf, was in ihrer Umgebung passiert. Kommt ein mögliches Beutetier in ihr Umfeld, wird es langsam durch Kopfdrehen verfolgt (manche Arten pirschen auch mit langsamen Bewegungen hinterher). Sobald irgendwann die Beute in Reichweite ist, schnappt die Larve blitzschnell zu. Dies geschieht so zielgenau und schnell, daß fast nie ein Fangversuch fehlschlägt. Die Larve selbst bewegt sich dabei nicht von der Stelle. Sie sehen lediglich ein je nach Art bis zu 15 mm langes »Fanggerät« unter dem Kopf hervorschnellen, die sogenannte Fangmaske. Dies ist ein aus der Unterlippe, also einem bestimmten Teil der Mundwerkzeuge von Insekten, gebildetes Organ. Es besitzt an seinem Vorderende eine kräftige Greifzange und wird in Ruhe scharnierartig eingeklappt unter Kopf und Vorderbrust verborgen. Libellenlarven erbeuten wohl alle Tiere, die sie überwältigen können: Wasserflöhe, ver-

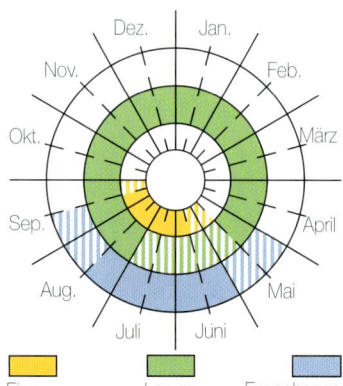

Eier   Larven   Erwachsene

Entwicklungsschema der Hufeisen-Azurjunfer

schiedene Wasserinsekten und deren Larven, manchmal auch Kaulquappen und kleine Fische. Nachdem sie die Beute ergriffen haben, wird sie zum Mund geführt und verzehrt. Natürlich ist dies nur eine, wenn auch weit verbreitete und leicht zu beobachtende Möglichkeit des Beuteerwerbs bei Libellenlarven.

➤ Bis eine Libellenlarve ausgewachsen ist, ändert sich ihr Aussehen nicht sonderlich stark. Lediglich an den nach jeder Häutung im Verhältnis zur Körpergröße länger werdenden Flügelanlagen läßt

sich ihr Alter abschätzen. Im letzten Stadium sind die Flügelscheiden groß und sehr deutlich ausgebildet. Nun ist der Zeitpunkt der Verwandlung zur flugfähigen Libelle nahegerückt (siehe S. 50). Oft überwintern die ausgewachsenen Larven aber auch nochmals.

Wie die Larven sind auch die erwachsenen Libellen gefräßige Räuber. Durch ihr außergewöhnliches Flugvermögen (siehe S. 60) sind sie in der Lage, die Beutetiere – andere Fluginsekten – im Flug zu ergreifen und zu verzehren. Als Fang- und Halteorgane dienen ihnen dabei ihre Beine, die mit langen Dornen zum Töten der Beute bewehrt sind. Als Lauforgane sind sie nicht geeignet. Die Fangmaske der Larve ist beim erwachsenen Tier rückgebildet.

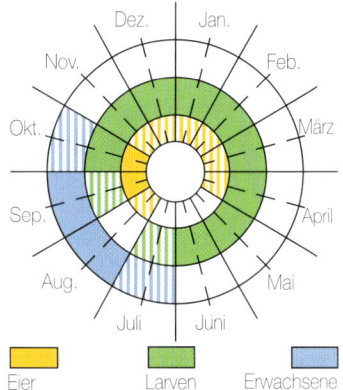

Eier   Larven   Erwachsene

Entwicklungsschema der Gewöhnlichen Heidelibelle

Gewöhnliche Heidelibellen schlüpfen erst später im Jahr. Man kann die erwachsenen Tiere bis in den Herbst hinein bei der Eiablage beobachten

Fest im Griff hat diese Großlibellenlarve einen Rückenschwimmer. Man sieht gut die scharnierartig eingeklappte Fangmaske mit den Greifzangen

Die wundersame Verwandlung der Insekten

Mit den Libellen haben wir eine Insektengruppe kennengelernt (siehe S. 47), bei denen direkt aus der ausgewachsenen Larve das fertige Insekt schlüpft. Bei anderen Insekten, etwa den Stechmücken (vgl. S. 61) oder den Käfern (vgl. S. 52), folgt auf das Larvenstadium eine sogenannte Puppe. Diese ruht meist mehrere Wochen, erst dann schlüpft das fertige Insekt. Wieso diese Unterschiede?

Es handelt sich um zwei grundsätzlich verschiedene Entwicklungsmöglichkeiten im Insektenreich. Gibt es ein Puppenstadium, spricht man von vollständiger Verwandlung. Die Larven dieser Arten sehen meist ganz anders aus als das fertige Insekt, welches man auch Imago nennt. Generell besitzen Insektenlarven aus dieser Gruppe keine Flügelanlagen.

▶ Achten Sie, wenn Sie das nächste Mal Insektenlarven sehen, einmal darauf. Erst während der sogenannten Puppenruhe werden die Organe der Imago angelegt. Wegen der tiefgreifenden Umwandlungen ist die Puppe meist unbeweglich, und die Verpuppung erfolgt zum

Schutz vor Freßfeinden an geschützten Stellen (siehe S. 52). Eine Ausnahme sind die bereits erwähnten Stechmücken.

Bei allen Insekten ohne Puppenstadium spricht man von unvollständiger Verwandlung. Hier werden die Larven im Verlauf der Häutungen der späteren Imago immer ähnlicher. Das Beispiel der Libellen hat aber gezeigt, daß oft bei der letzten Häutung ein gewaltiger Entwicklungssprung stattfindet: Der Übergang vom Leben im Wasser zum Fluginsekt mit ganz anderer Atmung, Ernährung (keine Fangmaske mehr) und Fortbewegung. So nehmen beispielsweise die Larven über Tracheenkiemen im Enddarm Sauerstoff aus dem Wasser auf, die erwachsenen Libellen dagegen atmen mit ihren Tracheen Luftsauerstoff ein.

Die Imago häutet sich bei Insekten nicht mehr; erst sie hat voll ausgebildete Geschlechtsorgane (Ausnahme: Eintagsfliegen sowie einige sogenannte Urinsekten). Zu den Gruppen mit vollständiger Verwandlung zählen neben den bereits erwähnten auch die Köcherfliegen, Zuckmücken (und alle anderen Zweiflügler), zu den Gruppen mit unvollständiger Verwandlung auch die Wasserwanzen und Eintagsfliegen.

Insekten fahren aus der Haut

Im Kapitel über die Verwandlung der Insekten wurde schon über die Häutung berichtet. Aber wissen Sie, warum sich Insekten überhaupt häuten? Warum wachsen sie nicht kontinuierlich wie andere Lebewesen auch? Weil sie, im Gegensatz z. B. zu den Wirbeltieren mit ihrem Innenskelett, einen festen Chitin-Panzer besitzen – ein Außenskelett, das sich nicht ausdehnen kann. Gäbe es die Häutung nicht, hätten sich keine Insekten (oder andere Gliedertiere) entwickeln können. Schauen wir uns also den Vorgang in der Natur genau an.

Geeignete Objekte zum Beobachten sind z. B. Libellenlarven, wenn sie zum Schlüpfen aus dem Wasser steigen.

▶ Um dies zu beobachten – oder zu fotografieren – müssen Sie allerdings früh aufstehen, die meisten Arten schlüpfen bereits zur Zeit der Morgendämmerung. Dazu klettert die Libellenlarve üblicherweise an einem im Uferbereich stehenden Pflanzenstengel empor. Hat sie eine geeignete Stelle gefunden, krallt sie sich mit ihren Füßen fest. Unter Pumpbewegungen dehnt sie nun die Larvenhaut, die an einer vorgegebe-

nen Stelle am Rücken des Brustabschnittes platzt. Nun zwängt sich die noch helle, weichhäutige Libelle nach außen. Eine kritische Phase ist erreicht, wenn sie den Hinterleib weit genug herausgezogen hat, und sich nun schnell nach vorn krümmen muß, um sich mit den eigenen Füßen festzuhalten. Diese müssen dazu bereits ausgehärtet sein. Ist dann der Hinterleib ganz aus der Larvenhaut geschlüpft, ist das Schwierigste geschafft. Die Libelle sitzt jetzt auf der leeren Larvenhülle, Exuvie genannt, und Sie können sehen, daß sie bereits größer ist als diese. Die Flügel sind aber zunächst noch winzig, eben so groß, wie die Flügelscheiden der Larve waren. In den folgenden Minuten bis Stunden wird sich die Libelle zu

ihrer vollen Größe strecken und insbesondere ihre herrlichen Flügel entfalten. Dies ist ein anstrengender Prozeß für das Tier. Wesentlich beteiligt ist daran die Aufnahme von Luft und das Einpumpen von Körperflüssigkeit in die zu streckenden Körperteile. Aber nur während dieser Phase kann das Insekt wachsen. Ist es erst einmal voll ausgehärtet – ein komplizierter chemischer Prozeß, während dem zum Teil auch die artspezifische Färbung entsteht – hat es die Endgröße erreicht.

➤ Oft schlüpfen zahlreiche Libellen einer Art zur gleichen Zeit. Suchen Sie doch einmal die Wasserpflanzen, insbesondere Schilfstengel, an Ihrem Gartenteich nach Exuvien ab. Sie werden vielleicht überrascht sein, wie viele Sie bei genauem Hinse-

Eine blaugrüne Mosaikjungfer häutet sich: aus der Larvenhaut schlüpft das erwachsene Insekt

hen auf kleinstem Raum entdecken können. Die weißen »Fäden«, die Sie in den Exuvien sehen, sind übrigens die Reste des Tracheensystems (vgl. S. 90), welches ebenfalls mitgehäutet wird.

51

2

Jäger und Gejagte

Vielleicht hatten Sie schon einmal das Glück, die Larve eines Gelbrands (oder eines anderen großen Schwimmkäfers) in Ihrem Gartenteich zu beobachten. Die langgestreckten Larven kommen zur Wasseroberfläche, um dort mit dem Hinterleibsende ihren Luftvorrat zu erneuern, fallen ansonsten aber insbesondere durch ihre großen, gebogenen, dolchförmigen Greifzangen auf. Es sind die umgebildeten Mandibeln, also ein Teil der Mundwerkzeuge.

Die Larven erbeuten alles, was sie mit ihren gefährlichen Mandibeln erreichen und überwältigen können. Bei größerer Populationsdichte fallen sie sogar über die eigenen Artgenossen her – sie sind gleichzeitig Jäger und Gejagte. Auch vor Kaulquappen und kleinen Fischen machen die Larven nicht halt. Vor Jahrzehnten wurden sie deshalb in Fischteichen bekämpft. Heute sind auch diese interessanten Tiere nicht mehr so häufig und verdienen unseren Schutz. Zur Jagd halten sich die Larven vom Gelbrand und vielen anderen Schwimmkäfern meist am Boden oder im Pflanzendickicht auf. Entweder lauern sie ihrer Beute auf oder versuchen sie aktiv aufzuspüren. Oft wechselt das Verhalten in Abhängigkeit von der Dichte der Beutetiere: Je weniger Beutetiere, desto intensiver muß gesucht werden. Schwimmkäferlarven durchbohren ihre Beute mit den Mandibeln. Durch die hohlen Greifzangen werden dem Beutetier Sekrete eingespritzt, welche die Beute innen vorverdauen, d. h. verflüssigen. Diese Flüssigkeit

Puppe des Gelbrandkäfers in der geöffneten »Puppenwiege«, einer kleinen Erdhöhle

wird dann von der Larve – ebenfalls durch die Mandibeln – aufgesaugt.

▶ Beobachten Sie einmal eine Schwimmkäferlarve beim Fressen: Die pumpenden Saugbewegungen sind leicht im Vorderkörper zu beobachten. Auch ist erstaunlich, wie sorgfältig die Larve ihre Beute mit den Mundwerkzeugen dreht und wendet, um jeden Winkel im Opfer zu erreichen und auszusaugen. Schwimmkäferlarven häuten sich zweimal. Dann ist z. B. eine Gelbrandlarve zur stattlichen Größe von über 7 cm Länge herangewachsen. Ist die Larve voll ausgewachsen, geht sie zur Verpuppung an

Diese Gelbrandlarve hat eine Kaulquappe erbeutet und saugt sie mit ihren Mandibeln aus

Land. Sie gräbt sich einige Zentimeter in den Boden ein, um eine Höhle, die Puppenwiege, von 3–4 cm Durchmesser zu bauen. Dort findet die Häutung zur Puppe statt. Nach etwa 2–4 Wochen schlüpft dann der zunächst unpigmentierte, weißliche Käfer, der zum Ausfärben und Aushärten (vgl. S. 51) noch einige Tage in der Puppenhöhle bleibt.

Die Dauer der Larvalentwicklung ist von Art zu Art sehr unterschiedlich. Aber auch Faktoren wie Temperatur und Beuteangebot spielen eine große Rolle. Beim Gelbrand beträgt sie etwa 5–6 Wochen; das dritte Larvenstadium dauert etwa doppelt so lang wie das erste oder zweite. Hier müssen alle Energiereserven angelegt werden, die während der Puppenruhe zur Verwandlung in den fertigen Käfer benötigt werden.

Die Schwimmkäfer sind nur eine von mehreren Käferfamilien, die ganz oder teilweise Wasserbewohner sind. Wer sie näher kennenlernen möchte, findet in der Spezial-

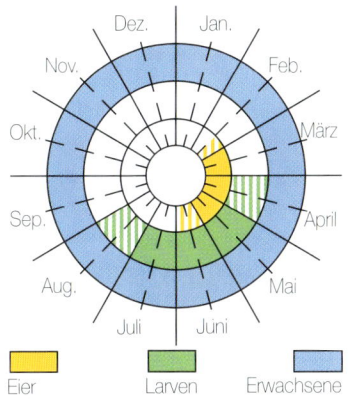

Eier   Larven   Erwachsene

literatur (z. B. in Bestimmungsbüchern) viele Angaben. Hier sollen nur einige leicht zu beobachtende Erkennungs- und Unterscheidungsmerkmale angeführt werden. Allen Käfern gemeinsam sind die verhärteten Vorderflügel, die sich schützend über den Rücken legen, anders als bei den Wanzen in voller Länge in der Mitte aneinanderstoßen und damit ein sicheres Erkennungsmerkmal

Entwicklungsschema des Gelbrandkäfers

darstellen. Unter den harten Vorderflügeln sind die häutigen Hinterflügel eingefaltet verborgen, die zum Flug ausgebreitet werden. Folgende Käferfamilien können Ihnen mit größerer Wahrscheinlichkeit im Gartenteich begegnen.

Schwimmkäfer Meist abgeflachter, stromlinienförmiger Körper; hervorragende Schwimmer; beim Schwimmen werden die kräftigen Hinterbeine gleichzeitig bewegt, um den Vorschub zu erzeugen. Kommen zum Luftholen mit der Hinterleibsspitze an die Wasseroberfläche (siehe S. 90).

Der Furchenschwimmer ähnelt dem Gelbrand, ist aber kleiner (16–18 mm lang) und an Kopf und Halsschild anders gezeichnet (vgl. Fotos S. 26/27)

Wassertreter Aufgewölbter, tropfenförmiger Körper; schwimmen schaukelnd und relativ langsam; beim Schwimmen werden die Beine eines Paares jeweils abwechselnd bewegt. Kommen zum Luftholen mit der Hinterleibsspitze an die Wasseroberfläche.

Wasserkäfer Aufgewölbter, ovaler Körper; schwimmen meist langsam oder halten sich an der Wasseroberfläche auf, Bauchseite nach oben gekehrt; beim Schwimmen werden die Beine eines Paares jeweils abwechselnd bewegt. Kommen zum Luftho-

len mit dem Kopf-Brust-Abschnitt an die Wasseroberfläche. Hauptluftvorrat am Bauch, dieser glänzt daher oft silbern. Manche Wasserkäfer bauen aus Pflanzenmaterial sogenannte Eischiffchen mit Mast, die an der Wasseroberfläche schwimmen. Andere tragen ein Eipaket im Gespinst deutlich sichtbar an der Unterseite des Hinterleibs mit sich herum.

➤➤ Wenn Sie das nächste Mal einen Käfer in Ihrem Gartenteich entdecken und beobachten, sollte es Ihnen leicht gelingen, ihn einer der genannten Familien zuzuordnen (Vertreter aus anderen Familien sind entweder sehr selten im Gartenteich oder leben sehr versteckt). Vielleicht können Sie auch interessante Beobachtungen zu seiner Biologie machen.

Pflanzenwelt unter Wasser

Beim Thema »Unterwasserpflanzen« denkt man in der Regel zuerst an größere Gefäßpflanzen (z. B. Laichkräuter, Hornkraut, Tausendblatt), da sie in einem Gartenteich äußerst reizvolle Akzente setzen können. Die unter Wasser lebenden Pflanzen umfassen jedoch ein breiteres Spektrum, welches von einzelligen Arten (Algen, Pilze) bis zu hochorganisierten, vielzelligen Gefäßpflanzen reicht. Während sich einzellige oder sog. niedere Pflanzen mit der Zeit ohne unser Zutun im Gartenteich einstellen, müssen wir größere, untergetaucht lebende Wasserpflanzen gezielt ansiedeln bzw. einbringen.

Die höher organisierten Unterwasserpflanzen haben sich an die Bedingungen ihres Lebensraumes in besonderer Weise angepaßt. Von den Landpflanzen unterscheiden sie sich im äußeren Erscheinungsbild und im Bau. Unterwasserpflanzen sind von zarterem Bau, da sie auf Stütz- oder Festigungsgewebe verzichten können; das Wasser trägt sie. Dies wird ersichtlich, wenn solche Pflanzen, aus dem Wasser genommen, in sich zusammenfallen oder umknicken. Auch an rasch

Das Hornblatt ist eine untergetauchte Wasserpflanze ohne Wurzeln

strömendes Wasser, welches einen starken Zug auf den Pflanzenkörper ausübt, haben sich die dort lebenden Wasserpflanzen entsprechend angepaßt. Durch die zentrale Anordnung der Leitbündel, das sind stoffleitende, schlauchähnliche Einrichtungen im Pflanzensproß, ist für die nötige Reißfestigkeit gesorgt. Wasserpflanzen nehmen ihre Nährstoffe nicht über die Wurzel, sondern über die gesamte Blattoberfläche auf. Die Wurzel dient ausschließlich der Verankerung im Substrat. Die sehr dünnen Zellaußenwände der Blätter stellen für den Gas-, Wasser- und Nährsalzeintritt kaum ein Hindernis dar. Um die Aufnahme dieser Stoffe zu erhöhen, hat sich die Natur einen weiteren Trick »ausgedacht«. Durch zerteilte, feinfiedrige Wasserblätter ist die Blattoberfläche vergrößert und wird die Aufnahme lebenswichtiger Stoffe zusätzlich erleichtert. Die Schwimm- oder Luftblätter der gleichen Pflanze ähneln dagegen den Blättern von Landpflanzen. So besitzt der Wasserhahnenfuß feinfiedrige Unterwasserblätter und ganzflächige Schwimmblätter. Das Vorkommen von unterschiedlichen Blättern an verschiedenen Sproßabschnitten einer Pflanze bezeichnet der Bota-

niker als Heterophyllie. Weitere Unterschiede zu den Landpflanzen sind die Rückbildung von wasserleitenden Gefäßen sowie eine geringere Differenzierung des Blattgewebes. Außerdem auffallend ist bei fast allen Wasserpflanzen die starke Entwicklung von weiten Luftkanälen, die als Luftspeicher fungieren. Der Auftrieb der Pflanze wird dadurch erhöht und ein reger Gasaustausch innerhalb der Pflanzen ermöglicht. Auch bei der Vermehrung haben die Wasserpflanzen verschiedene Möglichkeiten entwickelt. Nur eine geringe Anzahl von Wasserpflanzen führt die Bestäubung unter Wasser durch. Zu diesen gehören z. B. einige Vertreter der Laichkräuter und der Herbstwasserstern, dessen kugelige, ölhaltige und damit wasserabstoßende Pollen durch Wasserbewe-

Beim Ährigen Tausendblatt ragen die blütentragenden Stengelspitzen aus dem Wasser. Die roten männlichen Blüten sitzen oben, die unscheinbaren weiblichen darunter

gung von der männlichen zur weiblichen Blüte treiben. Die meisten Wasserpflanzen bilden jedoch Blüten aus, die über die Wasseroberfläche hinausragen. Eine Bestäubung erfolgt dann auf dem Luftwege über Insekten oder durch den Wind. Vertreter der Hahnenfußgewächse wie der Flutende Hahnenfuß und der Wasserhahnenfuß, zählen zu den Wasserpflanzen, für deren Bestäubung Insekten sorgen. Die Pollen einiger Laichkrautarten (z. B. Krauses Laichkraut, Glänzendes Laichkraut), deren Blütenähren über die Wasseroberfläche ragen, werden durch den Wind verfrachtet. Daneben vermehren sich Wasserpflanzen vegetativ (d. h. ungeschlechtlich) durch Ausläuferbildung oder abgetrennte Sproßteile, aus denen eine neue Pflanze hervorgehen kann. Ein Beispiel hierfür ist die aus Nordamerika stammende Kanadische Wasserpest. Bei uns kommen nur weibliche Pflanzen vor. Durch ihre große Vermehrungskraft konnte sich die Wasserpest in kurzer Zeit über ganz Europa ausbreiten, zum Teil mit erheblichen negativen ökologischen Auswirkungen auf viele Gewässer. Ihren deutschen Namen »Wasserpest« trägt diese Pflanze also zu Recht. Im Gartenteich empfiehlt sich ein gezielter Rückschnitt während der Vegetationsperiode, wenn man ein Überhandnehmen auf Kosten anderer Wasserpflanzenarten verhindern will. Vielmehr sollte es unser Ziel sein, ein vielfältiges Spektrum an Wasserpflanzenarten in unserem Gartenteich anzusiedeln. Schließlich sind die untergetaucht lebenden Wasserpflanzen für Fische, Amphibien und wirbellose Tiere in ökologischer Hinsicht von großer Bedeutung. Sie dienen als Aufenthalts-, Versteck- und Ruheplätze für viele Tierarten sowie als

Laichsubstrat für Molche und Fische. Auch als Sauerstoffproduzenten spielen sie eine bedeutende Rolle in unseren Gewässern.

Mit zu den wichtigsten Unterwasserpflanzen zählen Vertreter der zum Teil schon oben erwähnten Laichkraut-, Hahnenfuß-, Hornblatt-, Wasserstern- und Tausendblattgewächse. Bei den Laichkrautgewächsen handelt es sich um Pflanzen mit verzweigten oder unverzweigten Sprossen, deren Ausläufer meist im Boden wurzeln. Die Blätter der untergetaucht lebenden Arten sind entweder relativ breit, eiförmig bis lanzettlich oder schmal lineal bis fadenförmig. Die Blüten stehen in ährigen Blütenständen. Fische nutzen diese Pflanzen gern als Laichsubstrat (Name!). Hornblattgewächse dagegen sind wurzellose Unterwasserpflanzen mit quirlig angeordnet, gabelig geteilten Blättern, die je nach Art stärker bestachelt (Gemeines Hornblatt) oder weniger stachelig sind (Zartes Hornblatt). Von den Tausendblattgewächsen eignen sich für unseren Gartenteich 2 Arten (Quirlblättriges Tausendblatt und Ähriges Tausendblatt). Diese im Boden stehender oder langsam fließender Gewässer wurzelnden Arten weisen kammförmig gefiederte Blät-

ter und ährige Blütenstände auf. Auf die Hahnenfußgewächse wurde weiter oben schon eingegangen. Außer den dort genannten gibt es weitere Arten, die sich für den Gartenteich anbieten; sie alle bilden reizvolle, weiße Blütenteppiche an der Wasseroberfläche. Zum Schluß noch die Wassersterngewächse: Dies sind kleine Pflanzen mit zarten Stengeln und gegenständigen oft zu Rosetten zusammengefaßten Blättern. Ihr helles Grün setzt vor allem von einem dunklen Untergrund auffallende Akzente. Die Vermehrung erfolgt vegetativ und mittels kleiner Steinfrüchte. Letztere können leicht durch die Wasserströmung, seltener auch am Gefieder von Vögeln haftend, verbreitet werden.

Der Wasserschlauch, eine fleischfressende Schwimmpflanze

Der Name des Wasserschlauches rührt von den ca. 1 mm großen, ei- bis linsenförmigen Fangblasen her, die an den fiederförmigen Blättern sitzen. Mit Hilfe dieser Fangblasen vermögen alle Wasserschlaucharten kleine tierische Organismen (z. B. Hüpferlinge, Wasserflöhe, Rädertierchen) zu fangen und verdauen.

➤ Man kann den Tierfang des Wasserschlauches recht gut beobachten, indem man einen Teil der Pflanze sowie einige Beutetiere in ein wassergefülltes Glas oder kleines Aquarium gibt. Eine größere Lupe erleichtert die Beobachtung. Die Fangblasen, in deren Innern ein leichter Unterdruck herrscht, besitzen eine Klappe und einige kleine Borsten. Berührt ein Opfer die Borsten, öffnet sich die Klappe ruckartig nach innen und das Beutetier wird mit dem Wasserstrom eingesogen. In den Fangblasen sitzende Drüsen scheiden eiweißspaltende Fermente ab und sorgen für die Verdauung der Beute. Allerdings benötigt der Wasserschlauch diese zusätzliche Nahrungszufuhr nicht unbedingt, da er auch ohne sie gut gedeiht. Noch eine weitere Besonderheit weist diese interessante Wasserpflanze auf: Der Wasserschlauch überwintert mittels kleiner, kugelförmiger Winterknospen, die Reservestoffe für den Austrieb im nächsten Frühjahr enthalten. Während der kalten Jahreszeit sinken diese Überwinterungsorgane auf den Gewässerboden. Von den bei uns vorkommenden

Arten ist der Gewöhnliche Wasserschlauch die häufigste. Er blüht goldgelb von Juni bis einschließlich August, wobei der Blütenstand über die Wasseroberfläche hinausragt.

Der Gewöhnliche Wasserschlauch hat hübsche gelbe Blüten. Die Fangblasen unter Wasser sind raffinierte Fallen: Kleine Tiere werden durch Unterdruck ins Innere der Blasen gesogen

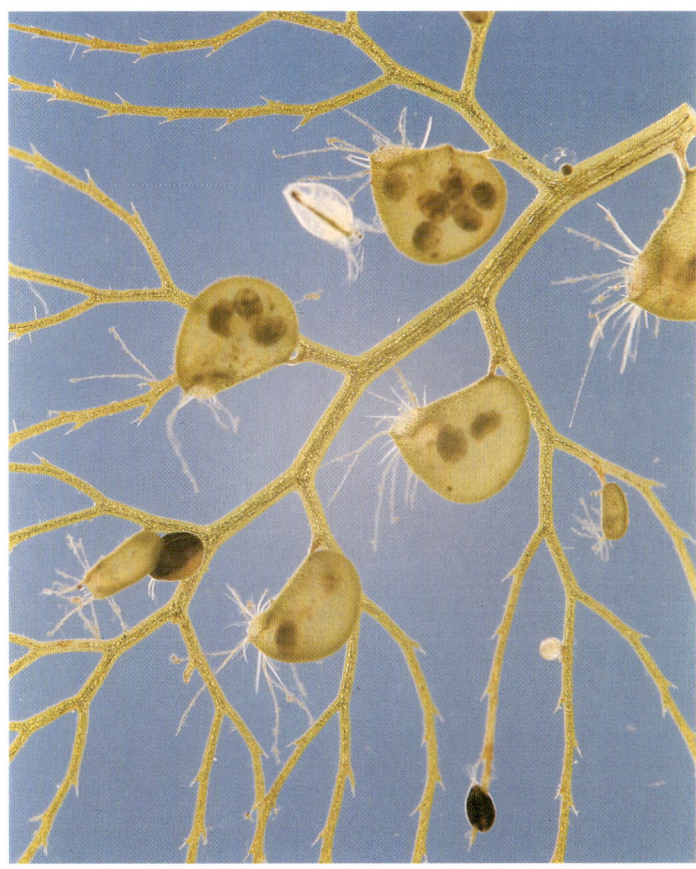

Kein Kampf ums tägliche Brot!

Natürlich konkurrieren manche Arten um die gleiche Nahrung, gelegentlich kommt es dadurch auch zur Verdrängung einer Art. Dies ist aber eher die Ausnahme. In einem stabilen biologischen System versuchen sich die Arten viel eher aus dem Weg zu gehen, ihren eigenen Platz zu finden; der Fachmann spricht von der »ökologischen Nische«. Diese muß alle Lebensäußerungen der Art befriedigen. Ein wichtiger Faktor ist der Nahrungserwerb.

Durch folgende Verhaltensweisen können die Arten Konkurrenz vermeiden:
● Nutzung unterschiedlicher Nahrungsquellen. Nur wenige Arten fressen alles, was sie erbeuten können; viele haben sich auf bestimmte Nahrung spezialisiert.
● Aufenthalt nur in bestimmten Kleinstlebensräumen. So jagen manche Arten nur im freien Wasser, andere am Boden, wieder andere im dichten Pflanzengewirr.
● Manche Tiere jagen und nutzen die Nahrung nur zu bestimmten Tages- oder Jahreszeiten. Letzteres wird z. B.

oft durch die unterschiedlichen Entwicklungsstadien gewährleistet.
Diese Auflistung könnte noch durch weitere, weniger bedeutsame Punkte ergänzt werden. In vielen Texten des Buches und in den folgenden Abschnitten werden Beispiele genannt.

Wasserschnecken

Sie zählen zu den Pflanzen- und Aasfressern. Viele Arten fressen Aufwuchsorganismen, die sie von der Oberfläche von Steinen und Pflanzen abschaben.
➤➤ Recht gut können Sie das beobachten, wenn Sie eine Spitzschlammschnecke in ein Aquarium mit veralgten Scheiben setzen. Mit ihren speziellen Mundwerkzeugen, einer Art Raspelzunge (Radula), wird sie bald den Algenbewuchs abschaben, was man durch die Glasscheibe beobachten kann.
➤➤ Auch kopfunter an der Wasseroberfläche kann man Schnecken manchmal hängen sehen, wo sie den feinen Bewuchs von Mikroorganismen (Kahmhaut) an der Wasseroberfläche abweiden.

Dieser Gelbrandkäfer hat eine Kaulquappe erbeutet, die er mit den Vorder- und Mittelbeinen festhält. Die Hinterbeine geben dem Käfer Balance

Mit ihrer reibeisenartigen Radula raspelt eine Spitzschlammschnecke Algen von der Glaswand des Aquariums ab (rechts)

Ein Rückenschwimmer hat eine Fliege von der Wasseroberfläche »gefischt« und saugt sie aus (unten)

Um seine Wasserpflanzen braucht man sich im allgemeinen keine Sorgen machen, wenn man Schnecken im Gartenteich hat. Vielmehr kommt ihnen eine positive Rolle im Gewässer zu, indem sie – mit anderen Organismen – organische Abfälle, insbesondere Pflanzenmaterial, reduzieren.

Rückenschwimmer

Der Rückenschwimmer hält sich viel an der Wasseroberfläche auf (siehe S. 88) und fängt seine Beutetiere insbesondere dort und im freien Wasser. Das Opfer – meist Insekten und ihre Larven – wird mit den Vorderbeinen gepackt und mit dem für Wanzen typischen Saugrüssel ausgesaugt.

➤➤ Wenn Sie einen Rückenschwimmer zusammen mit Stechmückenlarven in ein Aquarium setzen, können Sie ihn leicht beim Beutegreifen und Fressen beobachten. Aber Vorsicht, der Stich des Rückenschwimmers ist für Menschen schmerzhaft. Oft

ist es auch möglich, Rückenschwimmer zu beobachten, wie sie auf das Wasser gefallene Insekten aussaugen. Manchmal stürzen sich gleich mehrere dieser Räuber auf das hilflose Opfer.

Käfer

So vielfältig wie die Vertreter dieser großen Gruppe sind

(siehe S. 53), so vielfältig ist ihre Ernährungsweise. Wasserkäfer sind z. B. üblicherweise Pflanzenfresser, die Wassertreter ernähren sich überwiegend von Algenfäden, die sie aussaugen, und die Schwimmkäfer sind Räuber. Den erwachsenen Tieren fehlen allerdings die hohlen, dolchförmigen Mandibeln der

Larven (siehe S. 52). Der Gelbrand ist ein besonders gefräßiger Räuber. Kommt eine Beute in seine Reichweite, stößt er blitzschnell auf sie zu und ergreift sie mit den Vorder- und Mittelbeinen. Kleine Beutetiere werden dann zum Mund geführt und ganz verschluckt, größere zerkleinert. Der Gelbrand trifft bei der Wahl der Beute, ähnlich wie seine Larve, keine Auswahl, sondern ergreift alles, was er überwältigen kann, von Schnecken und Würmern über Insekten bis hin zu Kaulquappen und kleinen Fischen.

Fische sind keine Kostverächter

Der Gartenteichbesitzer, der sich über die Anzahl seiner zu pflegenden Fische an Größe und den Gegebenheiten seines Gartenteiches orientiert, wird im Hinblick auf die Ernährung seiner Fische kaum Schwierigkeiten haben. So gibt es eine Vielzahl an winzigen Organismen (z. B. Algen, Bakterien, Pilze, Wimpertierchen, Rädertiere, Hüpferlinge, Wasserflöhe), größere wirbellose Wassertiere (Würmer, Insektenlarven, Schnecken), pflanzliche und tierische Reste sowie Wasserpflanzen, von denen sich die Fische ernähren. Auf die Wasseroberfläche gefallene Luftinsekten (sog. Anflug), vervollständigen den Speiseplan.

➤ Es ist ein interessantes Schauspiel, wenn zur Zeit schwärmender Insekten die Fische nach dieser Nahrung springen.

Im Laufe eines Fischlebens ändert sich in der Regel die Zusammensetzung und Größe der aufgenommenen Nahrung. Frisch geschlüpfte Fischbrut ernährt sich von mikroskopisch kleinen Organismen (s. o.). Mit fortschreitendem Wachstum vermögen die Fische dann auch größere Organismen und Nahrungspartikel aufzunehmen. Vorsicht ist geboten, wenn sich Amphibien im Gewässer befinden. Deren Larven werden nämlich von vielen Fischarten gefressen. Echte Raubfische wie z. B. Hecht und Flußbarsch können den Fisch- und Amphibienbestand stark schädigen, ja ausrotten. Ausschließliche Pflanzenfresser gibt es unter den mitteleuropäischen Fischarten nicht. Nur ältere Rotfedern ernähren sich zeitweilig von Wasserpflanzen. Dagegen vermag der aus Ostasien stammende Grasfisch (»Graskarpfen«) aufgrund seines großen Appetits auf Wasserpflanzen, einen Gartenteich völlig kahlzufressen – daran sollte man denken, bevor man ihn in den Teich einsetzt.

Akrobaten der Lüfte

Eines der häufigsten und zugleich aufregendsten Ereignisse am Gartenteich ist zweifellos der wilde Libellenflug.

➤ Ist es nicht phantastisch, wie sie ruckartig aus dem Stand mit »Höchstgeschwindigkeit« davonziehen, um ebenso abrupt wieder reglos in der Luft zu stehen? Wie sie im Zick-Zack durch die Lüfte gleiten, senkrecht nach oben oder unten schweben und sogar ein Stück rückwärts fliegen? Oder gar erst ihre »Verrenkungen« im Flug während der Paarung (vgl. S. 24)!

Begleitet wird der ansonsten lautlose Flug manchmal von einem Knistern bzw. Rascheln der aneinanderstoßenden Flügel. Was macht nun ausgerechnet die Libellen zu so außergewöhnlichen Flugakrobaten?

Es ist ihre Flugmuskulatur. Diese ist zugleich einfach und doch hochkompliziert. Scheinbar einfach, weil im Gegensatz zu allen anderen Insekten die Flugmuskulatur bei Libellen direkt am Flügel ansetzt. Bei den anderen Insekten werden die Flügel durch Schwingungen des Brustpanzers in Bewegung gesetzt. Die Muskelkraft wirkt also auf das Außenskelett.

Dies ermöglicht zum Teil überraschend schnelle Schlagfrequenzen. Bei einer Zuckmücke wurden z. B. über 1000 Schläge pro Sekunde gemessen; das ist viel mehr, als die Frequenz der Muskelkontraktion ermöglichen könnte. Aber hier schwingt ja der Brustpanzer. Dadurch können allerdings auch die Flügel nicht einzeln gesteuert werden.

Bei den Libellen hingegen wird jeder Flügel einzeln durch Muskeln bewegt. Er kann nicht nur nach oben und unten geschlagen werden, sondern ist in verschiedenen Richtungen drehbar und verstellbar. Ermöglicht

wird dies durch ein kompliziertes Muskelsystem, das an den 4 Flügeln und an verstärkten Leisten in der Libellenbrust an unterschiedlichen Punkten ansetzt. Durch die vielen Muskeln erklärt sich auch der überproportional mächtige Brustabschnitt der Libellen. Durch diesen ausgeklügelten Flugapparat sind die Tiere natürlich bestens ausgerüstet für die Jagd auf ihre Beutetiere (s. S. 49).

Quälgeister im Gartenteich

Die meisten Gartenteichbesitzer hoffen, daß sich möglichst schöne und interessante Tiere im Teich ansiedeln: prachtvolle Libellen, Wasserkäfer oder sogar Molche. Wie groß ist dann die Enttäuschung, wenn sich stattdessen die »wurmförmigen« Larven der Stechmücken einstellen. Diese lästigen Insekten kennt jeder aus leidiger Erfahrung.

Die schnelle Besiedlung des Wasserkörpers bestätigt, wie anpassungsfähig die Stech-

Die Blaugrüne Mosaikjungfer ist wie alle Libellen ein wendiger, eleganter Flieger

Larven (langgestreckt) und Puppen (rundlich) der Hausstechmücke entwickeln sich in Regenfässern und in kleinen, stehenden Gewässern. In einem artenreichen Gartenteich werden sie gefressen, bevor sie sich zu blutsaugenden Stechmücken verwandeln

mücken sind, die alle für ihre Entwicklung als Larven und Puppen Wasser benötigen. Es gibt kaum einen Wasserkörper, der nicht mindestens von einer der zahlreichen Stechmückenarten besiedelt wird. Sie können sowohl im Schilfgürtel großer Seen, in Reisfeldern, temporären Überschwemmungsgewässern oder aber in natürlichen und künstlichen Klein- und Kleinstgewässern wie z. B. in Wasseransammlungen in Altreifen, Gullys, Konservendosen oder in Regenfässern, ja sogar in stark verschmutzten Jauche- und Abwassergruben vorkommen.

Welche Stechmückenart hat ihre Kinderstube nun in Ihrem Gartenteich gefunden? Von den in Mitteleuropa vorkommenden Stechmückenarten treten besonders zwei Gruppen als Lästlinge auf. Dies sind zum einen die sogenannten Überschwemmungsmücken (*Aedes*-Arten), die ihre Brut massenhaft in Überschwemmungsgewässern entlang von Flüssen, Seen oder in Bruchwäldern hervor-

bringen. In regen- bzw. hochwasserreichen Jahren können diese Mücken sich zu schlimmen Plagen entwikkeln. Zum zweiten sind dies die sogenannten Hausmükken (*Culex pipiens*), die hinsichtlich ihrer Brutplätze wenig wählerisch und grundsätzlich jede nicht oder nur langsam fließende Wasseransammlung besiedeln können. Sie sind jedoch in Gewässern in oder in der Nähe von menschlichen Siedlungen besonders auffällig. In aller Regel wird es sich also bei Ihren Gartenteichbewohnern um die Entwicklungsstadien der Hausmücken handeln. Wie können aber diese Insekten so zahlreich von dem Teich Besitz ergreifen? Die Weibchen der Hausmücken überwintern in Kellern oder anderen frostgeschützten Stellen und verlassen, wenn es wärmer wird, ihre Winterquartiere. Schon bald beginnen sie mit der Fortpflanzung. Jedes Weibchen legt mehrere hundert Eier direkt auf der Wasseroberfläche ab, die es mit den Hinterbeinen zu einem schiffchenförmigen Ei

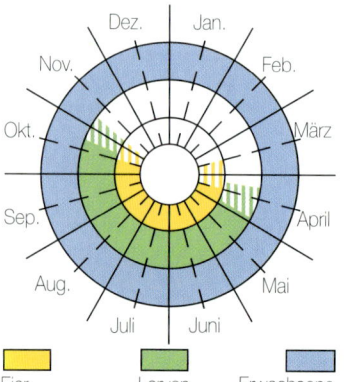

Eier   Larven   Erwachsene

Entwicklungsschema der Hausstechmücke

paket formt. Bereits nach etwa zwei Tagen haben sich die Larven in den Eiern entwickelt und schlüpfen in den Wasserkörper, indem sie die untere Kappe der Eier absprengen. Schon die kleinen, nur etwa 2 mm großen Larven suchen den Kontakt zur Wasseroberfläche, um dort Luft zu atmen.

➤ Wenn Sie die Larven besser beobachten wollen, schöpfen Sie mit einer hellen Plastikschale einen Teil der Mückenbrut aus dem Teich. In der Schale zappeln meist neben unterschiedlich großen, wurmförmigen Larven auch rundliche Puppen. Alle Stechmücken entwickeln sich nämlich über vier Larvenstadien und ein Puppenstadium zum Vollinsekt. Wird die dünne Larvenhaut zu eng, streifen die Tiere ihre alte Haut ab. Bei der vierten Larvenhäutung entsteht die Puppe, aus der nach wenigen Tagen die fertige Mücke schlüpft. Der Körper der etwa 1 cm großen Larve im vierten Stadium setzt sich aus einem Kopf, sowie einem deutlich dickeren Brustabschnitt und 9 Hinterleibssegmenten zusammen. Am 8. Körpersegment befindet sich ein kräftiges Atemrohr, mit dem sich die Larve zum Atmen an die Wasseroberfläche hängt. Der Kopf der Larven, der in dieser Position zum Gewässerboden zeigt, ist mit kräftigen Strudelorganen besetzt, mit der sie ihre Nahrung z. B. Algen und Schwebteilchen aus dem Wasser filtrieren. Bei Beunruhigung flüchten die Larven zum Gewässerboden,

verharren dort eine Weile, um dann wieder durch Schlagen des Körpers aktiv zur Wasseroberfläche zu schwimmen.

➤ Während der vierten Häutung schlüpft die Puppe aus der aufgeplatzten Haut des letzten Larvenstadiums. Der vordere Körperabschnitt der Puppe ist birnenförmig und trägt zwei Atemhörnchen, mit denen die Puppe sich an der Wasseroberfläche anheftet. Der schmale Hinterleib wird in der Ruhelage unter den Vorderkörper eingeschlagen. Bei Beunruhigung der Wasseroberfläche flüchten die Puppen in die Tiefe, um daraufhin wieder langsam an die Wasseroberfläche zu schweben. Die Puppen nehmen im Gegensatz zu den Larven keine Nahrung mehr auf.

Stechmücke auf der Haut eines Menschen: Der Hinterleib ist schon prall mit Blut gefüllt. Erst nach einer Blutmahlzeit können die Eier reifen

Die etwa 5 mm langen Eischiffchen der Hausstechmücke schwimmen auf der Wasseroberfläche

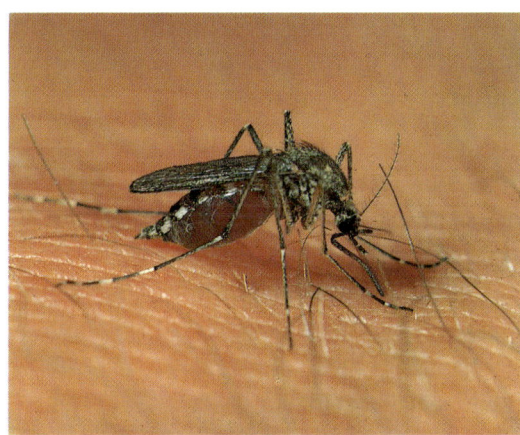

Nach der Begattung können die Hausmückenweibchen in die Häuser eindringen und die Nachtruhe empfindlich stören. Bis auf wenige Ausnahmen benötigen nämlich die Weibchen eine Blutmahlzeit, um Eier und somit Nachkommen produzieren zu können. Sie saugen bei Dunkelheit Blut, wobei nicht immer der Mensch das Opfer ist, sondern häufig auch Vögel. Gartenteiche werden nach und nach von den natürlichen Freßfeinden der Stechmückenlarven, wie z. B. Wasserkäfern, Wasserwanzen oder Molchen, besiedelt. Fische sind die besten Freßfeinde der Stechmückenlarven. Gartenteiche sind daher in der Regel im Gegensatz zu Regenfässern keine Massenbrutstätten der Hausmücken. Tritt Hausmückenbrut auf, so empfiehlt sich eine Bekämpfung mit einem Präparat auf der Basis von Bacillus thuringiensis israelensis – einem für andere Organismen unschädlichen Präparat, das aus Bakterien – einem natürlichen Feind der Mücken – hergestellt wird.

Ein neu angelegter Teich zeigt noch wenige Biotopstrukturen, er steht erst am Beginn einer Sukzession. Massenentwicklung einzelliger Algen führt oft zur Grünfärbung des Wassers

Der Gartenteich im Wandel der Zeit

Wenn Sie Ihren Teich regelmäßig beobachten, fällt Ihnen sicher auf, daß auch der Gartenteich eine Entwicklung vollzieht. Unser Teich ist kein statisches Gebilde sondern ist ständigen Veränderungen unterworfen.
Ein frisch angelegter Teich verwandelt sich schnell. Nach etwa einem Jahr sind diese Veränderungen schon weniger drastisch; der Teich befindet sich nun in einem Fließgleichgewicht, in dem die Wechselwirkungen zwischen den verschiedenen Lebewesen ausbalanciert sind, ohne daß jemals ein statisches Gleichgewicht zustande kommt. Vergleichen Sie diesen Zustand mit einer Waage, so würde das bedeu-

ten, daß die beiden Waagschalen sich nicht beruhigen, sondern ständig um einen Gleichgewichtspunkt pendeln, wobei sich auch der Gleichgewichtspunkt von Jahr zu Jahr verändert. Diesen Entwicklungsprozeß nennen die Biologen eine Sukzession.
Mit der Anlage des Teiches haben Sie zunächst einen unbelebten Lebensraum geschaffen, der hinsichtlich seiner Beschaffenheit bestimmten Organismen günstige, anderen weniger gute Entwicklungsbedingungen bot. Pionieren gleich haben ein paar wenige Organismen von Ihrem Teich Besitz ergriffen und eine Massenvermehrung durchgemacht. Andere weniger erfolgreiche Organismen sind zurückgedrängt worden. Plötzlich stellen Sie aber fest,

daß ehemals sehr häufige Organismen wieder verschwunden sind und dafür andere mehr ins Auge fallen. Was bewirkt eigentlich diesen steten Wandel und welche Bedeutung hat er? Es ist zunächst das große Angebot an Nahrung und anderen günstigen Lebensumständen die eine Art besonders begünstigt hat. Diese reagiert mit einer Massenvermehrung, d. h. die Population dieser Art nimmt durch eine hohe Vermehrungsrate und eine geringe Sterberate schnell zu. Aber in der Regel ist die Kapazität des Lebensraumes schon bald durch die explosionsartige Vermehrung erschöpft. In Konkurrenz um das immer knapper werdende Nahrungs- und Lebensraumangebot und die teilweise Zerstörung des eigenen Lebensraumes nimmt die Populationsdichte des Pioniers schnell ab. Seine Lebensäußerungen haben jedoch in der Zwischenzeit den Lebensraum im Teich derart verändert, daß nunmehr für andere Organismen günstige Lebensbedingungen entstanden sind und die freigewordene »ökologische Nische« von anderen Organismen neu besiedelt werden kann. Während nach der Neuanlage des Teiches die Schwankungen der einzelnen Populationen

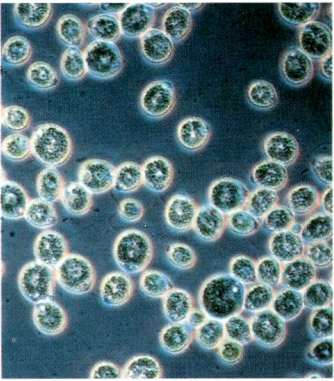

Einzellige Algen erzeugen bei massenhaftem Auftreten eine Algenblüte

groß waren, nehmen sie in der Regel mit der Zeit ab. Die Waage schlägt immer weniger weit aus. Gleichzeitig können Sie beobachten, daß immer mehr Tier- und Pflanzenarten Ihren Teich besiedeln. Er nähert sich einem dynamischen Gleichgewicht, das durch die Wechselwirkungen der vielen Organismen stabilisiert wird. Sukzession bedeutet demnach auch, daß die Entwicklung des Gartenteichs in der Regel von einem weniger komplexen Ökosystem hin zu einem immer komplexeren verläuft, in dem viele unterschiedliche Lebewesen ihre eigene ökologische Nische besiedeln und dadurch den Lebensraum optimal ausnut-

zen. Gleichzeitig steigern die große Vielfalt an Organismen und die relative Stabilität des Lebensraumes den Erlebniswert für den Gartenteichbesitzer. Er erkennt den Wert einer intakten Umwelt für sein ganz persönliches Wohlempfinden und zieht aus seinen Erfahrungen auch Lehren für den Umgang mit der Natur.

Probleme mit Algen

Wenn Sie sich in den Sommermonaten daranmachen wollen, einmal richtig das Leben in Ihrem Teich zu beobachten, kann das oft an »grünem Wasser« scheitern. Diese »Erbsensuppe« verwehrt jedem Naturinteressierten den Einblick in das reiche Leben der Unterwasserwelt eines Gartenteiches. In dem Kapitel »Plankton – schwebende Organismen« werden Sie über einzellige Algen, die von kleinen Krebschen, den Wasserflöhen, gefressen werden, einiges erfahren.

➤➤ An Sommertagen mit viel Sonnenschein beobachtet man in Teichen mit zu viel Nährstoffen ein explosionsartiges Algenwachstum. Diese Entwicklung geht so rasend schnell, daß die Freßfeinde, die Wasserflöhe, mit diesem Tempo nicht schritthalten

Es ist ein Alarmsignal, wenn Algenwatten in dieser Zahl und Größe auftreten

können. Es wachsen in kurzer Zeit Milliarden von Algenzellen heran, die sich ständig teilen. Aus einer werden zwei, aus zwei werden vier aus vier werden acht … Die Algen nehmen in unserem Teich überhand; man spricht dann von einer Algenblüte. Eigentlich schaden sie dem Tierleben im Teich nicht, im Gegenteil, manche Tiere müßten sich wie im Schlaraffenland fühlen. Daß dem nicht so ist, kann sich eigentlich jeder denken. Sicherlich haben Sie den Begriff »Algenblüte« immer nur in Verbindung mit Gewässerverschmutzung, Fischsterben, Badeverbot oder anderen besorgniserregenden Nachrichten gehört. Eine Schädigung des gesamten Teichlebens kann nämlich

sehr schnell eintreten und entzieht sich dann oft der Beobachtung. Der Grund hierfür ist in der Atmung der Algen zu suchen. Wie alle Pflanzen produzieren auch die Algen tagsüber Sauerstoff. Nachts, wenn keine Sonne scheint und die Produktion von Sauerstoff eingestellt ist, verbrauchen sie Sauerstoff zur Aufrechterhaltung der wichtigsten Lebensfunktionen. In den Nachtstunden wird in unserem Gartenteich der Sauerstoff dann immer mehr aufgebraucht und kann in der Zeit vor Sonnenaufgang bis auf Null absinken. Bei empfindlichen Tieren, die immer auf eine gute Sauerstoffversorgung angewiesen sind, wird dies zu einer Katastrophe, sie ersticken.

➤ Das andere Algenproblem kann in Gestalt von fädigen Algen auftreten, die große Teile des Teichrandes und viele Wasserpflanzen überzie-

hen. Im Sommer entwickeln sich diese Fadenalgen zu großen watteartigen Massen, den sogenannten »Watten«, die in ungünstigen Fällen den ganzen Teich bedecken können. Auch für diese Entwicklung ist ein zu hoher Nährstoffgehalt verantwortlich. Was können Sie gegen diese Algenblüten unternehmen? Manche Leute empfehlen eine Behandlung des Teiches mit einer Kaliumpermanganatlösung, die zwar zu einer schnellen Beseitigung der Algenblüte aber nicht zu einer Lösung des Problems führt. Denn was passiert mit den Algen? Durch die Einwirkung des chemischen Mittels sterben sie ab und sinken auf den Teichgrund. Dort werden sie von Bakterien und kleinen Pilzen zersetzt, wobei die Nährstoffe wieder in das Wasser gelangen und zu einer erneuten Vermehrung von Algen beitragen können. Hiermit wird deutlich, daß der scheinbar schnelle Erfolg, den die Chemie zu versprechen scheint, kein Erfolg auf Dauer ist. Aber welche Maßnahmen können nun wirklich helfen? Die Algenbekämpfung beginnt bereits bei der Teichplanung. Zum Abdecken der Folie und für den Teichboden sollte man anstelle von Erde besser Kies verwenden. Man muß auch unbedingt dafür

Sorge tragen, daß Erde nicht von den Rändern in den Teich eingespült werden kann. In der Erde sind viele Nährstoffe, die ausgeschwemmt werden und zu einer Überdüngung unseres Gartenteiches beitragen. Vielleicht ist auch das Leitungswasser, mit dem der Teich aufgefüllt worden ist, zu nährstoffreich. Maßnahmen zur Verminderung des üppigen Algenwachstums im Sommer können auch biologische Verfahren sein. Wasserpflanzen verwerten einen Großteil der Nährstoffe und verlangsamen dadurch das Algenwachstum. Entnimmt man von Zeit zu Zeit dem Gartenteich Wasserpflanzen, so werden überschüssige Nährstoffe vermindert. Alle Maßnahmen müssen dabei behutsam durchgeführt werden.
Viele Gartenteichbesitzer füttern ihre Fische. Dadurch ist eine sommerliche Algenblüte fast vorprogrammiert, da über das Fischfutter große Nährstoffmengen in den Gartenteich gelangen. Die vorgestellten Maßnahmen zur Bekämpfung von Algenblüten führen sicherlich nicht immer zum vollständigen Erfolg. Hier ist auch der naturbegeisterte Gartenteichbesitzer gefordert, für seinen Teich die besten Rezepte zu ersinnen und auszuprobieren.

Bienen am Gartenteich

Mit kaum einem anderen Insekt ist der Mensch so eng verbunden, wie mit den Honigbienen. Sprichwörtlich ist ihr Fleiß, mit dem sie Blütenstaub und Nektar sammeln. Aus Millionen kleinster Nektartröpfchen produzieren sie den begehrten Hönig. Beim Sammeln besucht eine einzige Biene täglich Tausende von Blüten. Die Bienen werden so zu den wichtigsten Blütenbestäubern und zu gern gesehenen Gästen im Garten. Und wie kümmerlich wäre Ihre Obsternte ohne die Tätigkeit der Bienen?

➤ Ihnen ist sicher bei Ihren Beobachtungen aufgefallen, daß sich an besonders heißen Tagen sogenannte Arbeiterinnen unentwegt am Rande Ihres Gartenteiches zur Wasseraufnahme einfinden. Wasser benötigen die Bienen nämlich, um an besonders heißen Tagen das Innere des Bienenstocks abzukühlen. Eine gleichmäßige Temperatur von 35 °C ist für die Aufzucht der Bienenbrut notwendig. Daher tragen die Arbeitsbienen an heißen Tagen Wasser in den Stock ein und bedecken die Brutwaben mit einer zarten Wasserhaut. Die flachen Ufer Ihres Gartenteichs eignen sich in idealer Weise, den Wasserbedarf dieser nützlichen Insekten zu decken. Durch die Verdunstung des Wassers wird den Waben Wärme entzogen – ein Prozeß der dem Schwitzen des menschlichen Körpers vergleichbar ist. Mit einem erstaunlichen Temperaturempfinden ausgestattet, regulieren die Arbeiterinnen die Verdunstung durch schwaches oder starkes Fächeln mit den Flügeln. Dagegen drängeln sie sich an kalten Tagen dicht auf den Brutwaben, um diese vor Abkühlung zu schützen und notfalls durch Abgabe von Körperwärme aufzuheizen, wobei sie den Stoffumsatz der Brustmuskulatur – unserem Zittern bei Kälte vergleichbar – erhöhen.

Eine Honigbiene trinkt am Rand des Gartenteichs

2

Sagenumwobene Seerosengewächse

In einer Reihe von Sagen und Märchen spielen Seerosen eine wichtige Rolle. Wahrscheinlich regte die majestätisch aussehende Blüte die Phantasie der Menschen an. Auch in anderer Hinsicht sind Seerosen bemerkenswert. Wahre Riesen sind zwei in Südamerika vorkommende Arten der Gattung *Victoria,* deren Schwimmblätter einen Durchmesser von 2 m erreichen können, weswegen man sie auch als »Königinnen der Seerosen« bezeichnet. Unsere einheimischen Seerosen bilden dagegen viel kleinere Blätter mit einem Durchmesser bis zu 35 cm aus.

Es ist wohl die Form und die Farbe der Seerosenblüten, weswegen sich die Seerosen größter Beliebtheit erfreuen. Man denke nur an die wunderschönen Seerosenbilder des französischen Malers Claude Monet. Während die einheimischen Wildseerosen weiß gefärbt sind, gibt es Züchtungen und tropische Arten, die rosafarbene, rote, gelbe oder blaue Blütenblätter aufweisen. Um die Jahrhundertwende hat sich besonders der Franzose Marliac mit der Züchtung neuer Farbvarianten hervorgetan. Ihm verdanken wir eine ganze Anzahl der heute gehandelten Kreuzungen, die sich auch für den Gartenteich eignen. Legt man jedoch Wert auf eine

möglichst naturnahe Bepflanzung des Gartenteiches, wird man auf die Wildarten (Weiße und Glänzende Seerose) zurückgreifen. Unabhängig von der Sortenwahl sollte man einige Dinge beachten. Unter günstigen Verhältnissen treiben Seerosen viele Schwimmblätter, die bald große Teile des Gewässers beschatten und dadurch andere Wasserpflanzen sowie das tierische Leben im Aufkommen behindern können (Auslichten!). Um gut zu gedeihen, benötigen Seerosen viel Sonne. Im Schatten bleiben sie im Wuchs zurück und bilden kaum Blüten aus. Auch ein nährstoffreicher, mindestens 30 cm tiefer Bodengrund sowie eine Mindestwassertiefe von 50–80 cm (für die einheimischen Arten) sind Voraussetzungen für ein gutes Wachstum. Wird das Wasser über Winter abgelassen, so müssen die Wurzelstöcke (Rhizome) mit einer dicken Laub- oder Strohschicht abgedeckt werden. Man kann Seerosen auch in erdgefüllten Wasserpflanzenkörben kultivieren,

Weiße Seerosen sind eine Zierde für jeden Gartenteich. Ihre Blätter dienen außerdem vielen Insektenlarven als Nahrung

**Die Larve des Seerosenblatt-
käfers frißt Seerosenblätter.
Daneben eine Gruppe von
Eiern**

**Die Blüten der Gelben Teich-
rose sind kleiner und ragen
weiter aus dem Wasser als die
der Seerosen**

die man vor dem ersten Frost
aus dem Teich nimmt, um sie
stets leicht angefeuchtet in einem kühlen Keller zu plazie-
ren.

Während der Vegetationszeit
können durch Pflanzen-
schädlinge gelegentlich Probleme auftreten. So werden
die Seerosenblätter durch die
Larven des Seerosenkäfers
gefressen. Dieser Käfer legt
seine Eier bevorzugt auf See-
rosenblättern ab. Ähnlich verhält es sich auch mit dem
Seerosenzünsler, einem kleinen Schmetterling, der seine
Eier ebenfalls gern auf Seero-

senblättern deponiert. Seine
Larven schneiden sich Teile
aus den Blättern heraus und
bauen sich daraus ein Ge-
häuse. Auch Blattläuse können einen raschen Zerfall und
ein Kümmern der Pflanzen
bewirken.

Wegen der Form ihrer Blätter
sind die Teichrosen den Seerosen recht ähnlich. Jedoch
sind ihre gelben, mehrere
Zentimeter über die Wasseroberfläche hinausragenden
Blüten unscheinbarer und er-
heblich kleiner. Zu den einheimischen Arten zählen die
Große und die Kleine Teichrose bzw. Teichmummel, wie
sie auch genannt werden. Die
letztere, kleinwüchsigere Art
eignet sich auch für kleinere
Gartenteiche. Bezüglich
Pflege und Überwinterung
gelten die für die Seerosen
gemachten Aussagen.

Tips für die Naturbeobachtung

Für den Naturfreund bedarf
es wohl nicht des Hinweises,
Tiere und Pflanzen nur dann
dem Gartenteich zu entnehmen, wenn ein ernsthaftes Interesse an der intensiven Naturbeobachtung besteht. Geschützte und seltene Tiere
sollten dem Gartenteich
grundsätzlich nicht entnommen werden.

In der Regel reicht es aus,
wenn man still am Gewässerrand verweilt und die Tiere in
ihrer natürlichen Umgebung
beobachtet. Dafür empfiehlt
es sich, einen Standort aus-
zusuchen, von dem man ei-
nen guten Einblick in einen
Gewässerabschnitt hat, der
zum einen von Licht durchflu-
tet wird und zum anderen
nicht zu dicht bewachsen ist.

Will man aber Näheres über den Körperbau sowie die Zuordnung der Tiere und Pflanzen wissen, so muß man sie für eine kurze Zeit dem Gewässer entnehmen. Natürlich sollten die Teichbewohner nach Beendigung der Studie sofort wieder in die Freiheit entlassen werden.

Beim Auswählen des richtigen Sammelwerkzeugs muß man sich an den Lebensgewohnheiten der Tiere orientieren. Wollen Sie im Wasserkörper schwimmende Tiere z. B. Wasserkäfer oder Kleinkrebse fangen, so eignet sich dafür ein Handnetz mit einer feinen Maschenweite. Je nach Maschenweite können Sie größere oder kleinere Tiere erbeuten. Geeignete Netze sind in der Regel im Aquarien- oder Zoohandel erhältlich. Sie können sich aber mit vergleichsweise einfachen Mitteln ein solches Netz auch selbst basteln, indem Sie einen kräftigen Draht zu einem Rechteck oder Ring formen und das Ende eines Damenstrumpfes in die Öffnung einnähen. Wählen Sie die Form eines Rechtecks so hat dies den Vorteil, daß sie das Netz mit einer großen Kontaktfläche über den Boden oder ebene Flächen des Teiches ziehen können. Die beiden abstehenden Enden des Drahtgestells befestigen Sie

mit Schnur oder Draht an einem Holzstiel. Der Stiel sollte wegen des Wasserwiderstandes beim Sammeln stabil sein. Ein Besenstiel oder ein Bambusrohrstück mit einer Länge von etwa einem Meter eignet sich besonders gut für diesen Zweck. Damit haben Sie ein Handwerkszeug, mit dem Sie gezielt einzelne Tiere aus dem Wasserkörper fangen können. Diese Netze eignen sich aber auch in idealer Weise, um Kleintiere wie z. B. Wasserflöhe in größerer Zahl zu sammeln. Dazu soll das Netz nicht geradlinig durch das Wasser gezogen werden, sondern in Form einer Acht. Bei dieser Bewegung des Netzes entsteht ein Sog im Bereich des Knotenpunktes der beiden Hälften der »Acht«, in dem sich die Kleintiere konzentrieren und beim Durchstreifen mit dem Netz aufgenommen werden. Das Netz darf dabei nicht zu schnell gezogen werden, da sonst ein Wasserstau vor dem Netz entsteht und die Tiere nicht ins Netz gelangen. Andererseits bewirkt eine zu langsame Bewegung, daß die Tiere vor dem Netz flüchten können. Sie sollten das Netz auch regelmäßig entleeren, weil die bereits im Netz gefangenen Tiere einem ständigen Wasserdruck durch die Filterwirkung ausgesetzt sind

und geschädigt werden könnten. Bei langandauernden Netzzügen besteht auch die Gefahr, daß das Netz verstopft. Durch den dadurch bedingten Wasserstau wird die Ausbeute reduziert.

Zur näheren Beobachtung geben Sie die gefangenen Tiere in ein mit Wasser gefülltes Glas, das eine möglichst weite Öffnung besitzen sollte. Besonders geeignet sind flache, helle Plastikschalen, die Sie vor der Sammeltätigkeit flach mit Wasser füllen. In ihnen heben sich die Konturen der Tiere gegen den hellen Untergrund gut ab. Sie kön-

Durch geduldige Beobachtung können Jung und Alt am Gartenteich Verständnis für biologische und ökologische Vorgänge gewinnen

nen aber auch eine flache Glasschale verwenden, da Sie auf diese Weise die Tiere von allen Seiten beobachten können. Für eine bessere Beobachtung sollten Sie die Glasschale auf einen weißen Untergrund stellen. Ihre Fangausbeute geben Sie in das entsprechende Gefäß, indem Sie das Netz handschuhfingerartig umstülpen und die Tiere durch mehrfaches Eintauchen des Netzbodens in das Gefäß entlassen.

Wollen Sie den Aufbau und die Bewegungen der Tiere genauer studieren, so ist eine gute Lupe mit einer etwa 10fachen Vergrößerung unerläßlich. Diese ist in der Regel ausreichend. Wenn Sie aber kleinste Lebewesen, wie Einzeller oder Wasserflöhe unter-

suchen wollen, so müssen Sie ein Mikroskop oder eine binokulare Lupe mit mindestens 50facher Vergrößerung zu Hilfe nehmen. Diese Geräte sind leider meist sehr teuer, aber auch für den Hobby-Naturbeobachter nicht unbedingt erforderlich. Einzelne gefangene Tiere können Sie auch in kleine nicht geriffelte Glasröhrchen überführen, um bei der Beobachtung den Bewegungsspielraum der Tiere etwas einzuschränken. Dazu sollten Sie bei kleinen Tieren eine Pipette und bei etwas größeren Tieren eine weichgreifende Federstahlpinzette verwenden.

Ein stabiles Haushaltssieb mit gewölbtem, engmaschigem Drahtgitter und kräftigem Griff kann ebenfalls gute Dienste leisten – insbesondere, wenn Sie Tiere fangen wollen, die am Boden des Gewässers leben. Vorsichtig entnehmen Sie mit dem Sieb dem Teich etwas Sediment, waschen die Tiere durch ständiges Schütteln im Wasser aus und überführen sie zum Beobachten mit der Pipette oder Pinzette in ein besonderes Gefäß. Beim Auswaschen sollten Sie darauf achten, daß das Wasser des Teiches nicht zu sehr getrübt wird. Notfalls sollte das Sieb in einem eigens bereit gestellten

Wasserbehälter ausgewaschen werden. Sehr ergiebig sind auch Pflanzenproben, die zum Beispiel bei der Pflege des Gartenteichs entnommen werden. Diese wäscht man durch Schütteln in einem mit Wasser gefüllten Behälter aus, siebt sie durch ein Netz und gibt sie in ein zur Beobachtung geeignetes Gefäß. Ebenso können Sie Wasserproben mit einem Schöpfgefäß direkt dem Teich entnehmen und durch ein Netz filtrieren. Viele Tiere halten sich gerne auf hartem Untergrund wie Steinen oder Holzstückchen auf, die ihnen guten Schutz und Möglichkeiten zum Festhalten oder zur Eiablage bieten. Diese können Sie vorsichtig dem Gewässer entnehmen und auf Besiedlung absuchen. Neben der direkten Beobachtung auf dem Substrat können Sie die kleineren Tiere mit einer Federstahlpinzette oder einem feinen Haarpinsel von dem Untergrund absammeln. ❯❯ Dabei sollten Sie auch auf die unterschiedliche Besiedlung von Ober- und Unterseite der Steine achten. Wegen der unterschiedlichen Lichtempfindlichkeit der Tiere sind hier große Unterschiede zu erwarten. Danach sollten Sie die Steine wieder in ihrer ursprünglichen Lage in den Teich zurücklegen.

3 Herbst

Ökologische Bemerkungen

Der Herbst wird gewöhnlich als die Zeit der Ernte angesehen, die Zeit, in der die während des Sommers gewachsenen Pflanzen in die Scheune eingebracht werden. Weil der Landwirt Pflanzen, d. h. Biomasse von seinen Feldern entfernt, muß er die darin befindlichen Nährstoffe seinem Feld wieder zufügen – er muß düngen! Die Landwirtschaft arbeitet nämlich mit offenen, produktionsorientierten Systemen – unser Gartenteich dagegen ist ein fast geschlossenes, erhaltungsorientiertes System, dem nichts entzogen und daher auch nichts zugefügt wird, bei dem es weder Export noch Import gibt.

Diese Behauptung stimmt nur mit einigen Einschränkungen: Auch wenn man noch so eifrig versucht, jede Nährstoffzufuhr, d. h. jeden Import zu verhindern – ganz vermeiden können wir sie nicht. Gleiches gilt für den Export von Biomasse: jedes Fluginsekt, das den Teich verläßt, nachdem es monatelang als Larve darin gelebt und gefressen hat, ist dafür ein Beispiel. Auch bezüglich der Energie ist unser Gartenteich auf Import angewiesen. Alle Energie, die von den Lebewesen benötigt wird, stammt letztlich aus dem Sonnenlicht.

Diese Lichtenergie ist erforderlich für die sogenannte Primärproduktion, bei der im Prozeß der Photosynthese (s. Seite 9) aus Nährsalzen, Wasser und Kohlensäure pflanzliche Biomasse entsteht – ohne Sonnenlicht gibt es keinerlei Pflanzenwachstum! Pflanzen werden letztlich von Tieren gefressen – natürlich nicht alle; deshalb, und weil die pflanzenfressenden Tiere auch für ihre eigenen Lebensprozesse Energie benötigen, erfolgt beim Übergang von der Pflanze zum Pflanzenfresser ein Energieverlust von etwa 90%. Gleiches gilt für den Übergang vom Pflanzenfresser zum Tierfresser – auch hierbei bleiben nur etwa 10% der Energie in der Nahrungskette erhalten, rund 90% gehen verloren.

In jedem Ökosystem gibt es also verschiedene Stufen, die in einer Nahrungskette zusammengefaßt sind: Die Pflanzen sind die Produzenten, sie bilden organische Substanz, Biomasse, aus anorganischen, unbelebten Bestandteilen.

Die nächste Stufe sind die Verzehrer, auch Konsumenten genannt. Von ihnen gibt es mehrere Unterstufen:

Pflanzenfresser, Fleischfresser, Tiere, die diese Räuber fressen usw. Ihnen allen ist gemeinsam, daß sie die zum Leben benötigte Energie in Form von chemischer Energie aus ihrer Nahrung gewinnen, wobei von einer Unterstufe zur nächsten wiederum ein Energieverlust von etwa 90% erfolgt.

Der Kreis schließt sich letztlich mit den abbauenden Organismen, den Destruenten. Das sind Bakterien und kleine Pilze, welche die von Produzenten und Konsumenten übriggebliebenen Reste an organischer Biomasse letztlich wieder in unbelebte anorganische Nährstoffe zerlegen, die wiederum der Pflanzenproduktion zur Verfügung stehen.

Wenn Sie sich den geschilderten Kreislauf von Produzenten über mehrstufige Konsumenten zu den Destruenten und dann wieder zu den Produzenten usw. genauer überlegen, dann fällt Ihnen sicher auf, daß verschiedene Stoffklassen diese Kreisprozesse mit durchlaufen. Wir wollen uns hier auf die wichtigsten Stoffe beschränken. Pflanzen nehmen beim Prozeß der Photosynthese (s. Seite 8) Kohlensäure (genauer: Kohlendioxid) auf und geben Sauerstoff ab. Nachts allerdings, wenn die Energie

des Sonnenlichts nicht zur Verfügung steht, verläuft dieser Prozeß umgekehrt.

Tiere und abbauende Mikroorganismen, also Konsumenten und Destruenten, benötigen Sauerstoff und geben Kohlendioxid ab. Dieser Kreislauf der Gase wird gegenwärtig durch das Verbrennen großer Mengen fossiler Heizstoffe zuungunsten des Sauerstoffs verschoben, der Gehalt der Luft an Kohlendioxid hat in den vergangenen 200 Jahren um etwa 25% zugenommen. Die Folge ist ein zu befürchtender Treibhauseffekt, der die Temperaturen auf unserer Erde um einige Grad erhöhen würde.

Ein weiterer Kreislauf betrifft die Nährstoffe, die mittels der Energie des Sonnenlichts beim Prozeß der Photosynthese mit Wasser und Kohlendioxid zu organischer Substanz, nämlich Biomasse, aufgebaut werden. Diese Biomasse durchläuft unter ständigem Verlust (auch hier sind es etwa 90% pro Stufe) die Konsumentenstufen. Schließlich wird die Biomasse von den Destruenten zu anorganischen Nährsalzen abgebaut, die wiederum für die Photosynthese zur Verfügung stehen.

Im Gegensatz zu den bisher geschilderten Kreisläufen von

Entfernt man Biomasse in Form von Pflanzen, kann man vermeiden, daß sich Nährstoffe im Wasser anreichern

Gasen und Nährstoffen durchläuft die Energie unter steter Verminderung wie auf einer Einbahnstraße jedes Ökosystem: Vom Licht der Sonne erreicht nur ein verschwindend kleiner Teil die Oberfläche eines Pflanzenblatts, in dem die Photosynthese stattfindet. Wiederum nur ein geringer Teil dieses Lichts erzeugt organische Substanz. Da längst nicht alle Pflanzen von Tieren gefressen werden, geht damit wieder eine Menge Energie verloren. Gleiches gilt für die ver-

schiedenen Konsumentenstufen – bei jedem Übergang von einem Lebewesen zum nächsten gehen etwa 90% der Energie verloren, bis schließlich nach dem Abbau durch die Destruenten alle Energie verloren ist.

Halt! Werden Sie jetzt sagen: Energie kann nicht verloren gehen! Irgend ein schlauer Kopf (es war Robert Mayer) hat doch das Gesetz von der Erhaltung der Energie aufgestellt. Dies ist natürlich richtig – die Energie geht nicht verloren, sie wird aber in Wärme umgewandelt und ist in dieser Form von den Lebewesen nicht mehr verwertbar.

Sicher ist Ihnen schon längst aufgefallen, daß in der Ökologie viele Begriffe verwendet werden, die aus der Ökonomie, der Volkswirtschaftslehre, stammen. Beispiele sind: Wachstum, Energie,

Produktion, Konsument, Export und Import, Systeme. Diese Liste identischer Begriffe ließe sich fast beliebig verlängern. Die Erklärung ist einfach, wenn Sie sich daran erinnern, daß man die Ökologie auch als Lehre vom Haushalt der Natur bezeichnen kann – während die Ökonomie die Lehre vom Haushalt der Menschen ist.

Pflegemaßnahmen

Die herrliche Herbstfärbung unserer Bäume und Sträucher erfreut uns jedes Jahr aufs Neue. Diese Farbenpracht erinnert uns aber auch daran, daß nun bald die Blätter fallen.

Sicher hatten Sie schon bei der Planung Ihres Gartenteichs daran gedacht, ihn nicht unter Bäumen und Sträuchern anzulegen. Trotzdem besteht immer wieder die Gefahr, daß Blätter, Zweigstückchen, Früchte oder Samen auf und in Ihren Gartenteich vom Winde verweht werden. Mögen die Blätter noch so schön gefärbt sein: Sobald sie im Wasser sind, stellen sie nichts anderes dar als unerwünschte, in

Mengen sogar ausgesprochen schädliche Biomasse dar, die wir entfernen müssen, bevor sie verrottet und zu Nährstoffen abgebaut wird.

Diese Mahnung wird im vorliegenden Buch immer wieder ausgesprochen. Das soll aber nicht bedeuten, daß Sie tagtäglich hinter jedem Blättchen und jedem Grashälmchen her sein sollen, das auf Ihrem Gartenteich schwimmt. Das wäre, wie alles, was man übertreibt, auch von Übel. Der Teich und vor allem seine Bewohner brauchen auch Ruhe – besonders jetzt im Herbst, wo allmählich die Zeit der Vorbereitung auf die Winterruhe kommt. Vor allem sollten Sie es vermeiden, durch übermäßige Wasserbewegungen den Bodengrund aufzurühren und dadurch sauerstofffreien Schlamm im sauerstoffhaltigen Oberflächenwasser zu verwirbeln.

Die obigen Bemerkungen sind nur an mögliche »Putzteufel« gerichtet – trotz ihrer manchmal löblichen Eigenschaft sollten sie daran denken, daß es in der Natur nicht auf »porentiefe Sauberkeit« oder Aufgeräumtheit ankommt, sondern eher auf »natürliche Unordnung« und die dadurch gegebene Vielfalt, die vielen Tieren und Pflanzen Lebensraum schafft.

Wasserläufer – ein Leben ohne festen Boden

Vielleicht haben Sie diese quirligen Gesellen schon zu anderen Jahreszeiten auf der Wasseroberfläche Ihres Gartenteichs beobachten können; besonders häufig sind sie aber im Spätsommer. Das liegt daran, daß Wasserläufer als erwachsene Tiere überwintern. Während zwei Generationen sorgen sie bis zum Herbst für möglichst viele Nachkommen, um das Überleben der Art zu sichern: Eine ausreichend große Zahl von Tieren muß die kritische Jahreszeit – den Winter – überdauern.

Zur Überwinterung gehen Wasserläufer an Land und verstecken sich unter Laub, in Moos und ähnlichem. Im Frühjahr kehren sie dann auf das Wasser zurück; die Weibchen legen die Eier dicht unter der Wasseroberfläche ab, z. B. an Wasserpflanzen oder Holz. Je nach Temperatur schlüpfen nach 1–2 Wochen die Larven.

➤ Man kann sie leicht von den Erwachsenen unterscheiden: Ihr Hinterleib ist winzig klein, so daß man den Eindruck von 2 Beinpaaren gewinnt, die lediglich einen »Krümel« von Körper transportieren. Innerhalb von 3–4 Wochen mit 5 Häutungen wachsen die Larven zum fertigen Insekt heran, ihre

Entwicklung ist also »unvollständig« (siehe S. 50). Was befähigt nun Wasserläufer so besonders zum Leben auf der Wasseroberfläche? Es sind vor allem ihre langen, wasserabstoßenden Mittel- und Hinterbeine. Sie berühren die Wasseroberfläche nur mit den Fußspitzen, was größtmögliche Stabilität und Schubkraft bei geringer Kraftaufwendung ermöglicht. Den Vortrieb leisten dabei insbesondere die Mittelbeine, während die Hinterbeine als Steuer fungieren. Natürlich ist auch der Körper wasserabstoßend, insbesondere die Bauchfläche erscheint durch die feine Behaarung silberweiß glänzend.

Auch in der Ernährung haben sich Wasserläufer auf ihren Lebensraum eingestellt: Sie ergreifen auf das Wasser gefallene Insekten, fangen manchmal aber auch kleine Wasserorganismen, wenn diese an die Wasseroberfläche kommen. Die Beutetiere packen sie mit den Vorderbeinen und saugen sie mit einem Saugrüssel aus. Dieser

Larven der Wasserläufer erkennt man an ihrem winzigen Hinterleib. Bei jüngeren Larven ist er im Verhältnis zum übrigen Körper noch kleiner als bei diesem etwas älteren, d. h. bereits öfter gehäuteten Tier

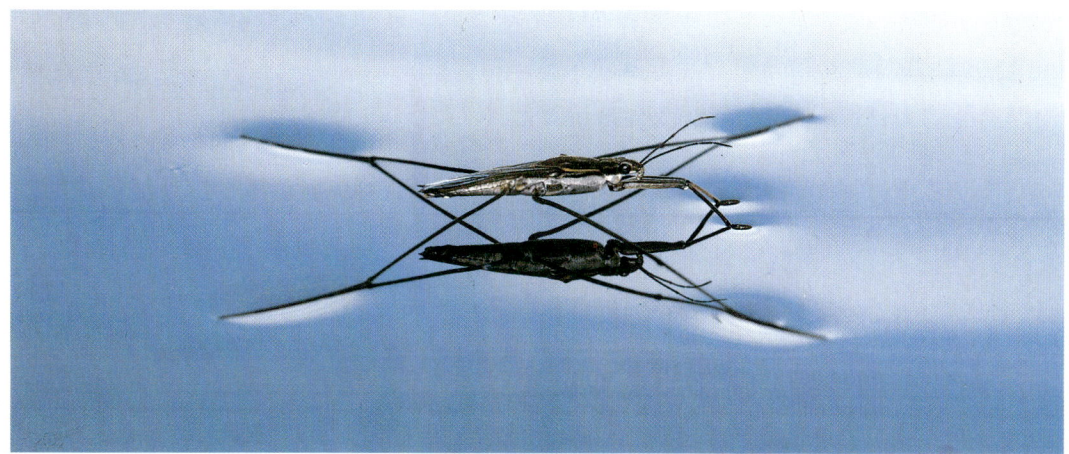

Ein langflügeliger Wasserläufer (oben). Man sieht sehr deutlich, wie die wasserabstoßenden Beine die Wasseroberfläche eindellen. Das kopulierende Männchen (rechts) besitzt verkürzte Deckflügel

Saugrüssel zeigt an, daß Wasserläufer zur Insektenordnung der Wanzen gehören. Es gibt 11 Arten bei uns in Mitteleuropa, die sich überwiegend sehr ähnlich sehen.

Und noch ein ganz besonderes Phänomen gibt es bei den Wasserläufern: Erwachsene Tiere können lange Flügel haben, die vollständig den Hinterleib bedecken; sie können aber auch lediglich Stummelflügel besitzen, die bei den Individuen ganz unterschiedlich lang sind, oder sogar ganz flügellos sein.

Wohlgemerkt, bei diesen Formen handelt es sich um keine Larven, die wir ja an ihrem kleinen Hinterleib erkennen können, und auch nicht um unterschiedliche Arten.

➤ Wer genau beobachtet, kann die verschiedenen Formen mit einiger Übung selbst unterscheiden. Sie kommen meist gemeinsam vor. Langflügelige Tiere wirken kräftiger, breiter, während kurzflügelige oder flügellose schmaler, spindelförmiger aussehen. Wem es gelingt, ein Tier mit dem Kescher zu fangen – Wasserläufer können bei der Flucht richtige Sprünge vollführen –, der kann auch die Flügel erkennen. Natürlich können nur Tiere mit vollständig entwickelten Flügeln fliegen.

77

Nicht alles, was Flügel hat, fliegt

Die Wasserläufer haben uns auf ein interessantes Thema aufmerksam gemacht: Das Flugvermögen der Insekten. Sagen Sie nicht pauschal, alle Insekten können doch fliegen. Dieser Satz gilt für Insekten ebensowenig wie für Vögel. Auch die wissenschaftliche Einteilung in flügellose, ursprüngliche Insekten (hierher gehören z. B. die Silberfischchen und Springschwänze) und in solche mit Flügeln hilft uns nicht weiter. Viele Formen haben nämlich sekundär im Laufe ihrer Entwicklungsgeschichte die Flügel wieder verloren. Zu dieser Gruppe gehören z. B. Läuse und Flöhe. Das macht biologisch durchaus einen Sinn, wie wir gleich sehen werden.

Im Kapitel über die natürliche Besiedlung des Gartenteichs (siehe S. 11) wurde berichtet, wie wichtig das Flugvermögen für die Eroberung neuer Lebensräume ist; das gilt ebenso für landbewohnende Insekten. Wichtig ist die Flugfähigkeit aber auch dann, wenn der bisherige Lebensraum verlorengeht, z. B. durch Austrocknung des Gewässers. Auf der anderen Seite ist das Ausbilden von Flügeln und Flugmuskulatur sehr energieaufwendig, was nur auf Kosten anderer wichtiger Lebensäußerungen geschehen kann, z. B. der Fortpflanzung. Arten, die zur Besiedlung ihrer spezifischen Lebensräume nicht aktiv fliegen müssen, werden aus diesem Grunde keine Flügel ausbilden; selbst wenn sie, wie die Läuse oder Flöhe, zu Gruppen gehören, deren Vorfahren einmal Flügel besaßen. Als Parasiten können sie ihre Verbreitung getrost ihren Wirten überlassen.

Solche Betrachtungen verdeutlichen uns aber auch etwas anderes: Es ist biologisch überflüssig, daß Insektenlarven Flügel ausbilden (vgl. S. 50). Für die Verbreitung der Art genügt es, wenn ein einziges Stadium flugfähig ist. Wasserläufer sind in dieser Hinsicht ein besonderes »Sparmodell«. Bei ihnen besitzt lediglich ein gewisser Teil der erwachsenen Tiere voll ausgebildete Flügel (siehe S. 77). Und natürlich ist es für den Fortbestand der Art vollständig ausreichend, wenn nur ein Teil der Population befähigt ist, neue Lebensräume zu erobern. Die nicht flugfähigen Individuen können dafür bei guten Umweltbedingungen ihre ganze »Lebenskraft« ausschließlich in den Dienst der Fortpflanzung stellen.

Kehren wir zu der anfangs gestellten Frage zurück, könnte unsere modifizierte Antwort also lauten: Alle Insekten mit vollständig entwickelten Flügeln können fliegen. Aber selbst diese plausibel erscheinende Antwort läßt die Natur nicht gelten. Schon vor längerer Zeit beschäftigte Wissenschaftler die Frage, warum manche Schwimmkäfer nie fliegend beobachtet werden konnten. Bei Untersuchungen ihres Körperbaus wurden stets gut ausgebildete Flügel unter den festen Deckflügeln (siehe S. 53) gefunden. Erst genaue mikroskopische Untersuchungen brachten die Antwort: Trotz vollständig ausgebildeter Flü-

gel ist die Flugmuskulatur dieser Arten nicht entwickelt. Wie bei den Wasserläufern die fehlenden Flügel, ist dies offenbar eine Sparmaßnahme der Natur. Weitere Forschungen ergaben schließlich, daß es bei vielen Arten die von den Wasserläufern bekannten individuellen Unterschiede gibt: Manche Tiere sind voll flugfähig, andere hingegen nicht – oft bei vollständig entwickelten Flügeln. Neben den Käfern gilt das für einige Wanzen, z. B. der Wasserskorpion (der aber sehr selten im Gartenteich vorkommt) und die weitverbreiteten Ruderwanzen (siehe S. 89). Auf unsere eingangs gestellte Frage gibt es also keine allgemein gültige Antwort. Eine Feststellung die geradezu von symbolhafter Bedeutung für alle Bereiche der belebten Natur ist.

Waffenfliegen

An sonnigen Tagen können Sie nicht selten die mittelgroßen, farbenprächtigen Waffenfliegen auf den Blüten in Ihrem Garten beobachten. Mit ihrer hellen Bänderung auf dunklem Untergrund ähneln sie wehrfähigen Wespen. Ihren Namen haben diese zweiflügeligen Insekten aber nicht wegen ihrer Zeichnung erhalten, sondern wegen den dolchartigen Chitinfortsätzen im Brustbereich sowie auf dem dreieckigen Schildchen. Der Hinterleib ist (anders als bei Wespen) stark abgeflacht. Es fällt schwer, diese prächtigen Insekten mit den schwerfälligen, graugrünen Larven im Gartenteich in Verbindung zu bringen.

➤ Der spindelförmige, abgeflachte Körper der Waffenflie-

Waffenfliegenlarven hängen an der Wasseroberfläche. Bei Gefahr lassen sie sich auf den Teichboden sinken

genlarven wird bis zu 4 cm lang und besteht aus 11 deutlich voneinander abgesetzten Körpersegmenten. Die dicke Haut der Larven wirkt durch Kalkeinlagerungen lederartig und gewährleistet einen guten Schutz gegen Räuber und Austrocknung. Am stark zugespitzten Hinterende können Sie einen Kranz aus kurzen gefiederten Haaren erkennen.

➤ Die Larven hängen meist träge an der Wasseroberfläche, indem sie diese Haare, ähnlich einem Speichenkranz, auf der Wasseroberfläche ausbreiten. In der Mitte des Kranzes münden zwei Atemöffnungen. Bei Störung schlägt die Larve die Haare mit einem Ruck zusammen, so daß sie eine silbrigglänzende Luftblase umschließen mit der sie langsam zum Gewässerboden sinkt.

An dem weniger spitz zulaufenden Vorderende können Sie einen winzigen Kopf mit Strudelwerkzeugen erkennen, die der Nahrungsaufnahme und auch der langsamen Fortbewegung dienen. An der Wasseroberfläche hängend weiden die Larven Pflanzenteile ab oder strudeln Algen sowie kleine Wassertiere der Mundöffnung zu. Die Verpuppung erfolgt innerhalb der sich versteifenden Larvenhaut.

Rattenschwanz-larven

Wenn Sie die weiß-gelblichen Rattenschwanzlarven der Schwebfliege *Eristalis* an den seichten Stellen ihres Gartenteichs finden, deutet dies auf faulendes, pflanzliches Material im Gartenteich hin. Denn der bevorzugte Lebensraum dieser Larven sind stark organisch belastete Wasseransammlungen. Besonders häufig besiedeln sie verjauchte Gewässer. Zumeist sehen Sie von den Larven nur die Atemröhre, die bei ausgewachsenen Larven etwa 6 cm

Rattenschwanzlarven zeigen an, daß das Wasser sehr stark mit organischer Substanz belastet ist

lang sein kann – immerhin etwa das Dreifache ihrer Körperlänge.

➤➤ Um ihr Verhalten besser studieren zu können, empfiehlt es sich, mit einem kleinen Netz eine Larve dem Gartenteich zu entnehmen und sie in ein Glasgefäß zu setzen, das etwa 4 cm hoch mit klarem Wasser gefüllt ist. Schnell sinkt die weiße, fette Larve sich dauernd windend und drehend zu Boden und streckt ihr langes, dünnes Atemrohr wie einen »Rattenschwanz« schlängelnd zur Wasseroberfläche, um dort Luft zu atmen. Bei Störung zieht sie es teleskopartig zusammen, so daß es fast vollständig im Körper verschwindet. Dieser Atemmechanismus befähigt die Larven, sauerstoffreie, stark verschmutzte Gewässer zu besiedeln. Dort bewegen sie sich mit ihren 7 Gangwarzen langsam im Schlamm und schlürfen diesen ein. Damit tragen sie wenigstens teilweise zur Reinigung des Wassers bei. Nach wenigen Wochen verlassen die ausgewachsenen Larven zur Ver-

puppung das Wasser. Ihre Haut erhärtet und verfärbt sich graubraun. In der Puppe verwandelt sich die ehemals häßliche Larve zur *Eristalis*-Fliege, die Honigbienen ähnlich sieht. Schon bald nach dem Schlüpfen werden wir der Schwebfliege auf den Blüten in unserem Garten begegnen.

Der Teichboden und seine Aufgaben

Der Boden unseres Gartenteiches hat eine wichtige Funktion. Mit der Zeit reichern sich am Grund unseres Gartenteichs große Mengen abgestorbener Algen, Pflanzenteilen und Blätter an und müssen von Bakterien und Pilzen abgebaut werden. Diese können aber nur arbeiten, wenn ausreichend Sauerstoff im Wasser vorhanden ist. Bei geringem Pflanzenmaterial werden die Bakterien immer genügend Sauerstoff zur Verfügung haben. Türmen sich aber immer größere Abfallmengen am Teichboden auf, müssen die Bakterien und Pilze recht schnell ihre Arbeit einstellen da sie den Sauerstoff aufgebraucht haben. Es entsteht Faulschlamm.

➤ Ist Ihr Gartenteich schon einige Jahre alt, so sollten Sie sich die Mühe machen, Schuhe und Socken auszuziehen, die Ärmel hochzukrempeln und ähnlich wie ein Storch in einen etwas tieferen Bereich Ihres Gartenteichs zu waten und zu versuchen, Steine, Kies und Pflanzenmaterial vom Teichboden aufzusammeln und zu betrachten. Dabei fällt ihnen vielleicht auf, daß die schön marmorierten Kiesel, die man bei der Neuanlage des Teichs auf dem Gewässerboden verteilt hat, zumindestens auf der Unterseite tiefschwarz geworden sind. Zu ähnlichen Ergebnissen kommt man, wenn man eine Handvoll feinsten Kies vom Gewässerboden hoch holt. Auch hier kann es uns passieren, daß wir eine schwarze und übel riechende Masse in Händen halten. Die Schwarzfärbung und der Geruch nach faulen Eiern sind immer ein Alarmzeichen, das nachhaltige Folgen für die Lebensgemeinschaft unseres Gartenteiches haben kann. Viele wasserbewohnenden Tiere, wie die Larven der Zuckmücken oder die Schlammröhrenwürmer, leben im Schlamm des Gewässerbodens und sind auch hier wichtige Glieder von Nahrungsketten. Jetzt wird sich natürlich der besorgte Besit-

zer eines Gartenteiches fragen, wodurch die beobachtete Schwarzfärbung und der üble Geruch zustande kommen. Die Antwort ist sehr einfach: Infolge von Sauerstoffmangel finden anstelle der Abbauprozesse Fäulnisvorgänge statt, bei denen der übelriechende Schwefelwasserstoff und seine tiefschwarzgefärbten Folgeprodukte entstehen. Ursache für den Sauerstoffmangel ist immer eine durch Nährstoffzufuhr hervorgerufene Überproduktion. Dieser Vorgang ist in dem Kapitel »Probleme mit Algen« beschrieben. Natürlich bedeutet auch Fallaub, das

Unten schwarz gefärbte Steine vom Teichboden sind ein Alarmzeichen: Wegen Sauerstoffmangel findet Fäulnis statt

von benachbarten Bäumen im Herbst in unseren Gartenteich fällt, eine Nährstoffzufuhr. Diesen Vorgang der Nährstoffanreicherung nennt man »Eutrophierung«. In allen stehenden Gewässern ist die Eutrophierung ein natürlicher Vorgang. Erst in jüngerer Zeit hat sich die Geschwindigkeit dieses Prozesses durch Nährstoffzufuhr aus Kläranlagen, Industrie und Landwirtschaft extrem gesteigert und wurde dadurch für die meisten unserer stehenden Gewässer zum Problem. Deshalb ist es wichtig, bereits bei der Planung des Gartenteiches auf den Teichboden ein besonderes Augenmerk zu legen. Der Bau des Teiches sollte ohne die Verwendung von Gartenerde erfolgen, besser nimmt man einen nährstoffarmen Kies, um nicht schon bei der Anlage zu viele Nährstoffe einzubringen. Auch Bäume dürfen nicht in unmittelbarer Nähe zu unserem Gartenteich gepflanzt werden, das fallende Laub im Herbst bringt meist große Probleme im nächsten Sommer.

Beim Lesen dieses Kapitels ist sicherlich jedem klargeworden, daß das Leben in unserem Gartenteich nicht nur im freien Wasser und zwischen Wasserpflanzen stattfindet. Es gibt viele Bereiche, die von den verschiedensten Lebewesen besiedelt werden. Einer davon ist der Teichboden. Hier finden wichtige Prozesse statt, die das Funktionieren des gesamten Gewässers deutlich beeinflussen. Für den Naturbeobachter kann es auch sehr interessant sein, einen Blick unter Steine zu werfen. Hier finden wir Tiere, die an diese speziellen Bedingungen angepaßt sind. Vielleicht hat man

das Glück, einen Süßwasserschwamm auf der Unterseite eines großen Kiesels zu finden oder das Eipaket einer Süßwasserschnecke, fest an einen Stein angeklebt, zu entdecken.

Asseln: Müllabfuhr im Gartenteich

Ist ein Gartenteich zwei bis drei Jahre alt, dann werden sich sicherlich am Grund zwischen Steinen und Kieseln Pflanzenreste und Blätter angesammelt haben. Natürlich werden Sie dafür Sorge tragen, daß sich aus diesen Resten im Lauf der Jahre kein übelriechender Faulschlamm entwickelt, aber ein normales Maß an Pflanzenresten ist für viele Tiere eine wichtige Nahrungsgrundlage. Wasserasseln haben es gerade zu ihrem »Beruf« gemacht, abge-

Wasserasseln zerkleinern pflanzlichen Abfall und erleichtern so den weiteren Abbau der Biomasse

storbene und verwesende Pflanzenteile aufzufressen. In kleinen stehenden Gewässern leben oft viele dieser kleinen Müllarbeiter zwischen Laub und kleinen Ästen. Durch ihre Freßaktivitäten zerkleinern sie die Pflanzenabfälle in viele kleine Stücke, die dann viel besser von den Bakterien zersetzt werden können. Denken wir an einen Komposthaufen, so wissen wir, daß die Umwandlung von Ästen und groben Pflanzenteilen zu Kompost sehr schnell geht, wenn man sie vorher in einem Schredder zerkleinert hat. Die Funktion des Schredders kommt in unserem Gartenteich den Wasserasseln zu.

Die Wasserassel ist mit unserer Kellerassel und der schwarz gefärbten Rollassel, die sich bei Gefahr zu einer Kugel zusammenrollt, sehr nah verwandt. Die Asseln gehören zu den Krebstieren und sind mit Flußkrebsen, Garnelen und Krabben verwandt. Die Weibchen sind ungefähr 8 mm groß während die Männchen schon deutlich größer werden und eine Länge von bis zu 12 mm erreichen. Wie bei allen Asseln ist der Körper sehr flach und der Panzer ist graubraun bis violett gefärbt.

➤ Mit einigem Glück kann man zwischen Laub und Pflanzenteilen in Flachwasserbereichen am Gewässergrund ein interessantes Schauspiel beobachten. Man sieht kleine Wasserasseln die auf ihrem Rücken größere Exemplare umhertragen. Es handelt sich hierbei sicherlich nicht um das Kräftemessen junger Asselkinder, die aus Übermut ihren Vater auf dem Rücken durch die Unterwasserwelt schleppen. Hierbei handelt es sich vielmehr um das Fortpflanzungsverhalten

der Wasserasseln. In einer Art Vorpaarung tragen die kleineren Weibchen die Männchen bis zu 8 Tage auf dem Rücken durch das Gewässer. Zur eigentlichen Paarung legen sich dann die Tiere mit ihren Bauchseiten gegeneinander. Das Muttertier bildet mit Hilfe von seitlichen Fortsätzen der Beine einen Brutraum, in dem die geschlüpften Jungen solange verbleiben bis sie den Erwachsenen vom Aussehen her gleichen. Die Entwicklung kann bei hohen Wassertemperaturen und günstigem Nahrungsangebot 3 Wochen, in kalten Jahreszeiten aber auch bis zu 6 Wochen dauern.

Eine Massenentwicklung der Wasserassel in einem Gewässer läßt normalerweise keine Rückschlüsse auf die Wasserqualität zu. Trotzdem sollte man in einem solchen Fall einige prüfenden Beob-

achtungen anstellen. Denn eines ist klar: Wasserasseln vermehren sich besonders gut bei ausreichendem Nahrungsangebot von abgestorbenen Pflanzen. Das Kapitel »Der Teichboden und seine Aufgaben« veranschaulicht, welche nachhaltigen Auswirkungen große Massen abgestorbener Pflanzen und Blätter für den gesamten Haushalt unseres kleinen Teiches haben können.

Wasserlinsen

Die Wasserlinsen, die im Volksmund »Entengrütze« genannt werden, zählen zu den kleinsten Blütenpflanzen. Einmal in den Gartenteich eingebracht, können sie sich zu einer wahren »Pest« entwickeln, die man so schnell nicht mehr los wird. Besonders bei einem guten Nährstoffange-

Wenn die Wasserlinsen den Teich fast ganz bedecken, erhalten Unterwasserpflanzen nicht mehr das zur Existenz notwendige Sonnenlicht

bot breiten sich Wasserlinsen sehr schnell über die gesamte Wasseroberfläche aus. Sie vermindern dadurch stark den Lichtzutritt in die tieferen Wasserschichten und den Gasaustausch zwischen Wasser und Luft. Als Folge davon kümmert oder stirbt ein Großteil des tierischen und pflanzlichen Lebens im Gewässer ab.

Meist werden Wasserlinsen bei der Einrichtung eines Gartenteiches eingeschleppt, da sie gern an anderen Wasserpflanzen haften. Einen kleinen Anteil der Wasserfläche sollte man diesen bereits ab dem zeitigen Frühjahr auftretenden Schwimmpflanzen aber zugestehen. Einmal, weil sie typische Stillwasserarten sind und außerdem, weil sie die Nährstoffe des Wassers binden. Reduzieren wir sie rechtzeitig, kann ihr Auftreten nicht zu den oben geschilderten negativen Auswirkungen führen.

➤ Bei genauerer Betrachtung erkennt man, was für interessante Gebilde Wasserlinsen sind. Man kann sie mit kleinen Bojen vergleichen. Sie bestehen aus einem »Schwimmkörper«, dem Blatt und einer bis mehreren ins Wasser ragenden Wurzeln. Die kleinste bei uns vorkommende Wasserlinsenart, die Zwerglinse, ist wurzellos. Mit einer Länge von maximal 1,5 mm gilt sie als die kleinste Blütenpflanze der Erde. Daneben treten in unseren Gewässern noch die Teichlinse, die Kleine Wasserlinse und die Dreifurchige Wasserlinse auf.

Eine Listspinne lauert an der Wasseroberfläche auf Beute. Sie kann aber auch gewandt tauchen und so Kaulquappen oder Fischbrut erjagen

Achtbeinige Jäger: Spinnen und Milben

Wie überall in der Natur, ermöglicht uns das ruhige Sitzen am Gartenteich Beobachtungen, die einem sonst verborgen bleiben würden. So verhält es sich auch bei den lautlosen, achtbeinigen Jägern, den auf und im Wasser lebenden Spinnen. Schon die geringste Störung, ein Schatten genügt und sie ziehen sich blitzschnell in ein Versteck zurück oder tauchen ab.

➤ Besonders in den Herbstmonaten, wenn das Wasser klar geworden ist, kann man ihr Abtauchen gut verfolgen. Dabei führen die Spinnen die Atemluft im dichten Haarkleid mit.

Die auf der Wasseroberfläche und im Uferbereich lebende Listspinne und der Wasserjäger bauen zum Beutefang keine kunstvollen Netze. Sie lauern, auf Schwimmpflanzen sitzend, auf Beute. Gelangt ein Insekt in ihre Reichweite, stoßen sie blitzschnell zu.

➤ Mit etwas Glück kann man die Listspinne auch beim Fang von Kaulquappen und Fischbrut beobachten. Die Spinne taucht dazu gewandt unter die Wasseroberfläche und überwältigt ihr Opfer. Nach der Paarung tragen die Weibchen beider Spinnenar-

Die sehr interessante, aber auch sehr seltene Wasserspinne baut Luftglocken unter Wasser

ten ihre Eier in Form eines Kokons mit sich herum. Nur die Listspinne befestigt den Eikokon später an zusammengesponnenen Grashalmen.

Während man gute Chancen hat, diese Spinnenarten auch im eigenen Gartenteich anzutreffen, ist das Vorkommen der Wasserspinne schon eine Besonderheit. Sie ist die einzige Spinne, die fast ihr gesamtes Leben unter Wasser verbringt. Obwohl sie tauchen und schwimmen kann, sind die Anpassungen an den Lebensraum »Wasser« relativ gering. Auch die Wasserspinne muß die Atemluft im Haarkleid des Hinterleibes mit unter Wasser nehmen. Eine weitere Besonderheit ist die Tatsache, daß die Wasserspinne luftgefüllte Glocken baut, die mit Taucherglocken vergleichbar sind. Dazu spinnt sie unter Wasser Netze, die zwischen Wasserpflanzen befestigt und mit Luft gefüllt werden. Man kann verschiedene Glockentypen unterscheiden. In den Wohn-

glocken halten sich die Tiere längere Zeit auf und machen von hier aus Jagd auf Wasserinsektenlarven, Asseln und Kleinkrebse. Auch zur Häutung, Fortpflanzung und Jungenaufzucht werden spezielle Glocken unter Wasser angelegt.

Die Wassermilben zählen ebenfalls zu den Spinnentieren.

➤ Mit Hilfe einer Lupe läßt sich dies an den für Spinnentiere typischen 8 Beinen erkennen. Bei uns kommt eine Vielzahl von Milben vor, welche die unterschiedlichsten Gewässertypen besiedeln.

Auch die nur millimetergroßen Wassermilben gehören zu den Spinnentieren. Sie besiedeln den Gartenteich in vielen Farben und Formen

recht ursprüngliche Merkmale und Eigenschaften besitzt. Ihre Larven leben immer im Wasser und sind an den drei (selten zwei) Schwanzfäden, die sie am Hinterende tragen, sowie an den seitlich am Hinterleib gelegenen blatt- oder büschelförmigen Kiemenanhängen leicht zu erkennen. Die weiblichen Tiere geben ihre Eier ins Wasser ab. Die Eientwicklung dauert, je nach Temperatur, einige bis mehrere Wochen. Die aus dem Ei schlüpfende winzige Larve häutet sich noch sehr oft, bei manchen Arten bis zu 30 mal – es gibt dann also bis zu 30 Larvenstadien, die im Lauf der Entwicklung ihre stummelförmigen Flügelanlagen immer mehr vergrößern. Ein Puppenstadium, das wir z. B. von Käfern, Fliegen, Schmetterlingen und Bienen kennen, fehlt den Eintagsfliegen. Das letzte Larvenstadium häutet sich direkt zu einem geflügelten und auch flugfähigen Insekt, das allerdings noch nicht geschlechtsreif ist. Dieses »Vorstadium« des Fluginsekts kommt nur bei den Ein-

Man kann sie in Kleinstgewässern (z. B. wassergefüllte Baumstümpfe, Pfützen), Fließgewässern, Tümpeln, Weihern und Seen antreffen. Auch im Gartenteich stellen sie sich häufig ein, da ihre Eier oft mit Pflanzenmaterial eingebracht werden.

➤ Nimmt man mit einem Glas eine Schöpfprobe aus dem Teich, so kann man sie als kugelige bis eiförmige, zwischen 0,8 und 8 mm große Tiere erkennen. Besonders auffallend sind die Wassermilben durch ihre Färbung. Sie können u. a. rot, grün oder gelb gefärbt sein.

Alle Wassermilben sind Räuber, die sich von Insektenlarven, Kleinkrebsen und Schneckenlaich ernähren. Mittels eingespritztem Verdauungssekret lösen sie die inneren Organe ihrer Opfer auf um diese anschließend auszusaugen.

Leben sie wirklich nur einen Tag?

Zunächst: Eintagsfliegen gehören nicht zu den Fliegen. Sie sind vielmehr eine sehr altertümliche Gruppe, die es seit etwa 300 Millionen Jahren gibt und die teilweise

tagsfliegen vor, auch die große Zahl von Larvenstadien ist einmalig bei den Insekten.

Aber schon nach wenigen Sekunden bis maximal einigen Stunden häutet sich dieses Stadium zum fortpflanzungsfähigen Fluginsekt. Nur wenige Arten der Eintagsfliegen bilden zwei (in seltenen Fällen vielleicht sogar drei) Generationen pro Jahr – bei fast allen dauert eine Generation ein ganzes Jahr, bei den größeren Arten sogar zwei bzw. drei Jahre. Wenn wir also die Entwicklungsstadien mitberücksichtigen, kann von »Eintags«fliegen keine Rede sein.

Anders sieht die Sache aus, wenn wir uns auf das Stadium des »fertigen« und geschlechtsreifen Fluginsekts beschränken. Es hat zwei Paar glasheller Flügel, die in der Ruhelage nach oben über dem Körper zusammengelegt sind; die Hinterflügel sind kleiner als die Vorderflügel, bei einigen Arten fehlen sie ganz. Auch die Insekten haben drei oder zwei lange Schwanzfäden.

Das Schlüpfen der Fluginsekten erfolgt bei vielen Arten nahezu gleichzeitig. Zuerst schlüpfen die Männchen, die sich mit unbeholfen wirkenden Flügelschlägen zu auf- und absteigenden Schwär-

men sammeln, von denen die Weibchen angelockt werden. Die Begattung erfolgt in der Luft. Die Männchen sterben meist unmittelbar danach, die Weibchen können nach der Abgabe ihrer etlichen hundert Eier ins Wasser manchmal noch einige Stunden bis Tage leben – bei vielen Arten sterben sie aber auch sofort. Für ein längeres Leben sind weder Männchen noch Weibchen ausgerüstet – ihre Mundwerkzeuge ermöglichen keine Aufnahme von Nahrung, der Darm ist rückgebildet und mit Luft gefüllt. Wenn man also nur das Endstadium der Entwicklung, die Fluginsekten berücksichtigt, dann ist der Name dieser Insektengruppe meist sinnvoll.

Dies ist besonders dann der Fall, wenn von gewissen Arten Riesenschwärme auftreten, die nach der Fortpflanzung, vom Licht der Straßenlaternen angelockt, zu Millionen sterbend auf den Boden sinken und diesen in dichter Schicht als sog. »Uferaas« bedecken. Allerdings bewohnen die Larven dieser Arten Flüsse und Ströme – im Gartenteich werden wir sie nicht antreffen!

Die Larven der Eintagsfliegen erkennt man an den drei (selten zwei) Schwanzfäden und an den Kiemenbüscheln am Hinterleib

3

Wasserbienen

Wenn Ihnen der Begriff »Wasserbiene« nicht geläufig ist, empfinden Sie ihn vielleicht als höchst merkwürdige Wortschöpfung. Aber in manchen Gegenden heißen die Rückenschwimmer tatsächlich so. Der Grund ist ein einfacher: Nimmt man einen Rückenschwimmer in die Hand, kann das in Bedrängnis geratene Tier empfindlich stechen – ähnlich wie eine Biene. Diese besitzt allerdings einen echten Wehrstachel. Wasserbienen dagegen stechen mit ihrem Wanzenrüssel, der ihnen normalerweise zum Aussaugen der Beutetiere dient (vgl. S. 59).

Rückenschwimmer hängen oft lange Zeit an der Wasseroberfläche in dieser typischen Haltung

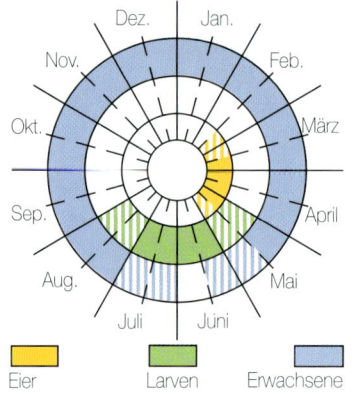

Eier   Larven   Erwachsene

Rückenschwimmer sind außerordentlich häufige Bewohner von Gartenteichen. Sie sind geschickte Flieger und landen – ähnlich wie z. B. Gelbrandkäfer – durch das Glitzern der Wasseroberfläche angelockt direkt auf dieser. Durch den Luftvorrat am Bauch (vgl. S. 91), teilweise aber auch unter den Flügeln, sind Rückenschwimmer leichter als Wasser: Sie müssen sich also unter Wasser

Entwicklungsschema des Rückenschwimmers

stets festhalten, um nicht nach oben zu treiben. Steigen sie mit dem Rücken voran hoch, werden sie über die Wasseroberfläche gedrückt und können direkt vom Wasser aus starten.

➤ Wenn Sie einen Rückenschwimmer in eine offene, wassergefüllte Schale setzen, kann er Ihnen auf diese Weise entkommen. Natürlich ist der Start auch von Land aus möglich bzw. von Pflanzen, an denen die Tiere hochklettern.

Rückenschwimmer überwintern als erwachsene Tiere im Wasser (zumindest gilt das für den Gewöhnlichen Rückenschwimmer in unseren Gartenteichen). Im Frühjahr finden Begattung und Eiablage statt. Das Weibchen legt etwa 100 Eier, die es einzeln unter Wasser in Pflanzengewebe schiebt. Die Eier werden vollständig in solche Pflanzenteile versenkt, die gut durchlüftet sind, so daß die Sauerstoffversorgung der Embryonen gewährleistet ist. Bald nach der Eiablage sterben die Tiere. Das ist der Grund, warum Sie im Frühsommer selten Rückenschwimmer in Ihrem Teich finden.

Nach 3–6 Wochen schlüpfen aus den Eiern die Larven und bevölkern nun in großer Zahl das Wasser. Sie sind grün-lich-weiß und gedrungen, ähneln in Verhalten und Aussehen aber bereits erwachsenen Tieren (unvollständige Verwandlung, vgl. S. 50). Es gibt 5 Larvenstadien; bei der letzten Häutung im Sommer schlüpfen die ausgewachsenen, geschlechtsreifen Tiere. Sollten Ihnen die kleineren Larven nicht so sehr aufgefallen sein, sind nun im Spätsommer und Herbst die vielen Rückenschwimmer nicht mehr zu übersehen. Um die anderen Mitbewohner Ihres Teiches müssen Sie sich dennoch keine Sorgen machen. Rückenschwimmer sind weniger gefräßige Räuber als z. B. der Gelbrand oder Libellenlarven (vgl. S. 59).

Kobolde im Pflanzendickicht

Wie Kobolde nun mal sind: Sie stecken überall, und man kann sie doch kaum entdecken. Ähnlich ist es mit Ruderwanzen. Womöglich bewohnen sie auch Ihren Gartenteich – versteckt im Pflanzengewirr.

➤ Das können Sie leicht nachprüfen: Fahren Sie mit

einem Kescher durch die Wasserpflanzen und leeren Sie ihn dann in eine flache, helle Plastikschale mit Wasser. Vielleicht sehen Sie sie jetzt durch's Wasser huschen – unsere Kobolde: kleine (die häufigen Arten sind um 7 mm lang), lang-ovale Wasserwanzen mit meist heller Unterseite und dunkler Oberseite (eigentlich ist letztere sehr fein gesprenkelt oder gestreift; um das zu erkennen, muß man aber sehr genau hinschauen). Mit ihren langen, kräftigen, mit vielen Schwimmhaaren besetzten Hinterbeinen können sie sehr flink und gewandt schwimmen. Wenn sie ruhen, müssen sie sich mit den ebenfalls sehr langen Mittelbeinen an Wasserpflanzen festhalten. Ruderwanzen sind nämlich, wie Rückenschwimmer, leichter als Wasser. Noch häufiger und ge-

Die etwa sieben bis acht Millimeter großen Ruderwanzen (manche Arten sind deutlich kleiner oder größer) besiedeln oft in großer Zahl das Pflanzendickicht im Gartenteich

schickter als diese starten sie zum Flug direkt aus dem Wasser. Und so flüchten sie sicher bald auch aus Ihrer Plastikschale.

Zum Luftschöpfen kommen Ruderwanzen mit ihrem Vorderkörper zur Wasseroberfläche; der ganze Vorgang dauert weniger als ½ Sekunde. Ihre Ernährung ist sehr unterschiedlich: teils räuberisch, teils pflanzlich; am häufigsten fressen sie Detritus (abgestorbene Organismen) oder saugen mit ihrem Rüssel Algenfäden aus. Die Männchen vieler Arten können zirpen; deswegen werden sie manchmal auch Wasserzikaden genannt.

Ruderwanzen überwintern meist als erwachsene Tiere. Das Frühjahr ist die Zeit der Begattung, danach legen die Weibchen ihre Eier an Wasserpflanzen ab. Es gibt 5 Larvenstadien. Je nach Art können sich bei günstigen Verhältnissen (warm und reichlich Nahrung) 2 Generationen im Jahr entwickeln. Im Herbst sind schließlich alle Tiere ausgewachsen und die Ruderwanzen deshalb besonders häufig.

Auch Insekten müssen mal Luft schnappen

Natürlich – werden Sie jetzt denken. Schließlich benötigen alle Lebewesen (auch die Pflanzen!) zur Aufrechterhaltung ihres Stoffwechsels Sauerstoff. Wenn der Atmung in diesem Buch dennoch ein eigener Abschnitt gewidmet ist, dann wegen der vielfältigen Anpassungen, die gerade die Insekten entwickelt haben, um ihre Sauerstoffversorgung zu sichern. Ist es nicht phantastisch, daß eine Tiergruppe, deren Vertreter eigentlich – neben den Vögeln – als typische Eroberer der Lüfte gelten, gleichzeitig auch den aquatischen Lebensraum besiedelt hat? Dies fordert von

den Organismen ganz erhebliche Anpassungen und Leistungen.

Prinzipiell gibt es für aquatische Lebewesen folgende Möglichkeiten, ihre Sauerstoffversorgung zu sichern, die alle auch von Insekten genutzt werden.

● Direkte Aufnahme des Sauerstoffs über die Körperoberfläche, sogenannte Hautatmung. Das kann nur bei kleinen Tieren allein ausreichen, wenn die Körperoberfläche im Verhältnis zum Körpervolumen groß ist. Manche Insektenlarven atmen so.

● Ausbildung von Kiemen, also speziellen Organen, die

Gelbrandkäfer beim Atemholen an der Wasseroberfläche. Der Luftvorrat liegt unter den Flügeldecken

der Sauerstoffaufnahme aus dem Wasser dienen. Sie funktionieren nach dem Prinzip der Oberflächenvergrößerung. Bei den Insekten wird der Sauerstoff (bzw. das Kohlendioxid) nicht mit der Körperflüssigkeit transportiert, sondern in einem feinverzweigten Röhrensystem, das mit der Außenluft in Verbindung steht: den Tracheen. Die Kiemen werden deshalb nicht – wie z. B. bei den

Fischen – von Blut durchströmt, sondern sind als Tracheenkiemen ein Teil dieses Systems. Viele aquatische Insektenlarven atmen so (vgl. z. B. Libellen, S. 48, Köcherfliegen, S. 28, Eintagsfliegen, S. 86).

● Die meisten Wasserinsekten müssen freilich zum Erneuern des Luftvorrates in ihrem Tracheensystem an die Wasseroberfläche kommen. Dazu gleich mehr.

● Nur der Vollständigkeit halber sei die sogenannte physikalische Kieme der Hakenkäfer erwähnt, bei denen der Gasaustausch unter Wasser stattfindet. Die Gase diffundieren durch die Oberfläche eines Luftmantels um den Körper. Manche Schwimmkäfer nutzen ebenfalls dieses Prinzip. Sie können einen Teil ihres Sauerstoffbedarfs decken, indem sie eine Luftblase am Hinterleibsende vorstülpen und wieder einziehen.

➤ Man kann dies leicht beobachten.

Am wichtigsten für die Atmung der Schwimmkäfer und ihrer Larven ist aber die Erneuerung des Luftvorrates an der Wasseroberfläche. Die

Käfer kommen dazu mit ihrer Hinterleibsspitze nach oben, stellen Kontakt mit der Außenluft her und pumpen frische Luft in das Tracheensystem, welches mit einem großen Luftreservoir unter ihren Flügeldecken in Verbindung steht.

➤ Wenn sich die Käfer ungestört fühlen, kann man beobachten, wie sie oft nahezu an der gleichen Stelle des Gartenteichs alle paar Minuten aufsteigen. Achten sie einmal darauf, wie die Käfer durch die weit nach vorn und außen gestreckten Hinterbeine, die ebenfalls die Oberfläche berühren, ihre Lage stabilisieren.

➤ Auch Rückenschwimmer kommen zum Atmen mit der Hinterleibsspitze an die Wasseroberfläche. Als typische Oberflächentiere verweilen sie dort ungestört sehr lange. Zur

Stabilisierung verankern sie sich mit den Klauen der Vorder- und Mittelbeine. Anders als die Schwimmkäfer sammeln Rückenschwimmer ihren Hauptluftvorrat zwischen langen Borsten in 2 Längsreihen am Bauch. Ihre Unterseite wird dadurch leichter, das Tier »kippt um«; deshalb schwimmen alle Rückenschwimmer mit dem Rücken nach unten, Bauch und Beine weisen nach oben (Name!).

Der Dschungel am Gewässerrand

Versucht man, am Rande eines Röhrichtgürtels stehend, das Pflanzengewirr mit den Augen zu durchdringen, so bleibt dies in der Regel ein hoffnungsloses Unterfangen. Je nach Dichte und Höhe der an einen Bambusdschungel

Schaut man von oben ins Wasser, bietet ein Rückenschwimmer diesen Anblick; deutlich sieht man die Atemöffnung am Hinterleibsende

erinnernden Vegetation kann bereits nach einem halben Meter der Blick versperrt sein. Meist ist das zu den Süßgräsern gehörende Schilfrohr die vorherrschende Pflanze im Röhrichtgürtel. Die bei uns bis zu 4 m hohe Pflanze treibt am Gewässergrund waagrecht wachsende bis zu 10 m lange Ausläufer. An trockeneren Standorten bildet sie oberirdisch sogenannte Legehalme aus, die ebenfalls bis zu 10 m lang werden können und deren Neutriebe relativ niedrig sind. Die Blütezeit liegt recht spät im Jahr im August und September; die Früchte reifen im Januar. Neben dem Schilfrohr lassen sich jedoch auch andere Pflanzen im Röhricht finden. Die Rohrkolbengewächse kommen bei uns mit 5 Arten vor, wobei der Breitblättrige Rohrkolben und der Schmalblättrige Rohrkolben die häufigsten Vertreter dieser Familie sind. Die weiblichen Blüten bilden nach der Befruchtung die scherzhaft als »Kanonenrohrputzer« bezeichneten braunen, walzenförmigen Kolben aus. Weitere interessante Pflanzen des Röhrichts sind die Igelkolbengewächse, die ihren Namen von den igelförmig ausgebildeten weiblichen Blütenständen haben. Am Rande oder an offeneren Stellen eines

Röhrichts können weitere Pflanzen vorkommen, wie Froschlöffel, Pfeilkraut, Vertreter der Binsengewächse und die Seggen. Das Röhricht ist für eine Vielzahl von Tieren ein wichtiger Lebensraum. Unter den Insekten gibt es einige Arten, die sich auf Schilfröhrichtbestände spezialisiert haben und als Gallenbildner, Halmminierer, Halm- und Blattsauger auf oder in der Schilfpflanze leben (z. B. Blattläuse, Rohrbohrer, Rohrzünsler). Verschiedene Spinnenarten bauen ihre Netze zwischen die Halme oder leben nahe der Wasseroberfläche. Die unter dem Wasserspiegel den Röhrichtpflanzen aufsitzen-

den Algen werden gern von Schnecken (z. B. Posthorn-, Sumpfdeckel-, Spitzschlamm-, Tellerschnecke) abgeweidet. Für Fische bietet das Röhricht (sog. »Gelege«) hervorragende Möglichkeiten zur Eiablage und für die Fischbrut als »Kinderstube«. Randliche Gelegebereiche werden außerdem gern von erwachsenen Fischen als Nahrungs-, Ruhe- und Versteckplätze genutzt. Ähnliches gilt auch für Amphibien, wobei die Brut- und Nahrungsplätze von einigen Kröten-, Frosch-, und Molcharten auch tiefer im Röhricht liegen können. Auch eine Reihe von Vögeln nutzen das Röhricht als Lebensraum. Dieser Bezug zum Lebensraum »Röhricht« läßt sich schon am Namen einzelner Vogelarten erkennen (z. B. Rohrdommel, Schilfrohrsänger, Rohrschwirl, Rohrammer und Rohrweihe). Zuletzt bieten sich auch für Säugetiere Jagd- und Versteckmöglichkeiten. Natürlich darf man sich nicht der Illusion hingeben, am eigenen Gartenteich Lebensraum für all diese genannten Tierarten einrichten zu können, dafür ist die Fläche viel zu klein. Je-

Der Schilfgürtel bietet vielen Tierarten Raum zum Leben und Nahrung

doch wird sich die eine oder andere Tierart mit eher geringem Raumbedarf auch an unserem Gartenteich einstellen bzw. sich wohlfühlen. Wir sollten deshalb nicht nur aus ästhetischen, sondern auch aus ökologischen Gründen eine Röhrichtbepflanzung an unserem Gartenteich vornehmen.

Vögel baden im Teich

Für Vögel ist ein Gartenteich vor allem als Tränke und Badestelle interessant. Ganz besonders im Sommer, wenn überall Wassermangel herrscht, kann der Gartenteichliebhaber das muntere Treiben am Wasser beobachten. Aus der gesamten Nachbarschaft, in der es keine Wasserstelle gibt, kommen viele Kleinvögel an unseren Teich. In flachen Uferbereichen baden und planschen sie ausgelassen und fliegen dann auf den nächsten Strauch oder Stein um sich an der Sonne zu trocknen und zu putzen. Geschickt klettern sie über Steine und Kiesel, um eine geeignete Stelle zum Trinken zu finden.

➤ Befindet sich unser Gartenteich in einem Neubaugebiet, ist es sehr interessant,

Viele Vögel, wie hier eine Bachstelze, baden gern im Gartenteich

die Entwicklung der Vogelwelt zu beobachten. Ist der erste Rohbau fertiggestellt, hören wir schon den auffälligen Gesang des Hausrotschwanzes. Auch Bachstelzen lassen ihre Lieder von den Giebelreitern der Dächer schallen. Über freien Grundstücken hören wir den Gesang der Feldlerche. Amseln machen auch bald mit ihrem Gesang auf sich aufmerksam. Andere Vögel wie Rotkehlchen, Finken und Meisen besiedeln erst später unsere Gärten.

Wenn Sie möglichst viele Vögel am Gartenteich beobachten wollen, müssen Sie schon bei der Anlage dafür Vorsorge treffen. So richtig sicher fühlen sich die Vögel beim Baden nur, wenn sie einige Meter freie Sicht haben, um anschleichende Feinde rechtzei-

tig zu erkennen. Deshalb sollte an flache Teichabschnitte eine Gartenfläche mit niedriger Bepflanzung angrenzen. Der Übergang zwischen Wasser und Land muß an dieser Stelle sehr sanft sein. Am besten ist es, wenn auch hier Wasserpflanzen fehlen und einige Kiesel und Steine sichere Sitzplätze für trinkende Vögel bieten. In diesem Bereich unseres Gartenteiches können wir auch einiges für Rauch- und Mehlschwalbe tun. Seitdem alle Plätze und Wege gepflastert oder betoniert sind und sogar Feldwege mit einer festen Teerdecke versiegelt werden, haben Schwalben es immer schwerer, feuchten Lehm zum Bau ihrer Nester zu finden. Wenn wir in dem Bereich, der als Vogeltränke geplant ist, noch zusätzlich etwas Lehm einbringen, werden wir nicht lange warten müssen, bis wir auch Rauch- und Mehlschwalben an unserem Teich beobachten können, die eifrig damit beschäftigt sind, das Baumaterial für ihre Lehmnester zusammenzuklauben. Damit sollte aber für den naturverbundenen Gartenbesitzer das Bemühen für die Natur außerhalb des Teiches nicht aufhören. Gerade für Schwalben kann man viel tun, indem man eigens konstruierte Nisthilfen am Haus anbringt. Hecken bieten für viele Vogelarten Nistmöglichkeiten und die Früchte vieler Sträucher sind begehrte Leckerbissen für so manch gefiederten Freund. Haben wir in unserem Garten einige größere Bäume, können wir Nisthöhlen anbringen, die bald als Kinderstuben von Meisen und andere Höhlenbrütern genutzt werden. Auf die typischen Wasservögel wie Teichhuhn, Wildente oder Bläßralle werden wir vergebens warten müssen, dazu ist unser Gartenteich und Grundstück meist viel zu klein. Es wäre auch falsch, auf einem kleinen Teich Hausenten zu halten. Es

würde nicht lange dauern und wir würden unser kleines Paradies nicht wiedererkennen. Das Wasser wäre sehr schnell überdüngt und von Algen grün gefärbt. Der Gewässerboden wäre mit Faulschlamm bedeckt und die Ufervegetation zerstört. Als Lebensraum für Amphibien, Fische und Wasserinsekten wäre ein solcher Teich dann nicht mehr geeignet.

Blutsauger im Dienste der Medizin

Sie werden schwerlich auf den Gedanken kommen, daß sich in Ihrem Gartenteich Egel ansiedeln könnten. Diese Vertreter der Ringelwürmer gehören jedoch nicht unbedingt zu den seltenen Gästen im Gartenteich. Sicher kennen Sie den »medizinischen Blutegel«, der früher in pflanzenreichen stehenden Gewässern durchaus häufig vorgekommen ist und für medizinische Zwecke massenhaft gesammelt wurde. Als »Blutsauger im Dienste der Medizin« wurden die Blutegel gerne als »Schröpfkopf« genutzt, um einen zu hohen Blutdruck zu beseitigen oder Blutgerinsel zu verhindern. Blutegel werden Sie sicherlich nicht im Gartenteich finden, aber einige ihrer Verwandten.

➤ Typisch für die Egel ist, daß sie am Hinterende einen deutlich abgesetzten Saugnapf besitzen. Dagegen ist der Saugnapf am Vorderende je nach Lebensweise nur bei manchen Arten gut ausgebildet. Die Saugnäpfe dienen dem Festhalten am Substrat oder der spannerartigen Fortbewegung durch wechselhaftes Ansaugen und Nachschieben des Körpers. Je nach Nahrungsaufnahme unterscheidet man zwischen den meist blutsaugenden Kieferegeln, die am Grunde der Mundhöhle drei halbmondartige, gezähnte Kiefer besitzen, den Rüsselegeln mit einem ausstülpbaren Rüssel zum Saugen von Blut oder Körperflüssigkeit sowie den Schlundegeln, deren muskulöser und dehnbarer Schlund zum Verschlingen von Beutetieren geeignet ist.

➤ Sie werden zwar, wie gesagt, keinen Blutegel im Gartenteich finden, mit etwas Glück aber den etwa 10 cm großen, dunkel gefärbten Pferdeegel, dessen gelbgraue Bauchseite mit dunklen Flecken übersät ist. Wegen seiner schwachen Kieferbezahnung kann er nicht, wie der medizinische Blutegel, Blut saugen. Dieser gefräßige Egel verschlingt mehr oder weniger alle Wassertiere, die er überwältigen kann.

❯ Noch häufiger können Sie die zu den Rüsselegeln zählenden Platt- und Fischegel im Gartenteich beobachten. Die nur kleinen bis mittelgroßen Plattegel besitzen einen stark abgeflachten, gedrungenen Körper und nur einen schwach entwickelten vorderen Saugnapf, auf dessen Oberseite ein bis drei Paar Augen als kleine schwarze Punkte zu erkennen sind. Die Plattegel halten sich gerne im Pflanzengewirr auf und saugen vorwiegend an Schnecken, aber auch an Fischen und Lurchen. Die bekanntesten Vertreter werden daher auch als Schneckenegel bezeichnet. Eine Besonderheit

Ein Fischegel hat sich auf der Kopfoberseite eines Stichlings mit dem hinteren Saugnapf festgeheftet. Der obere Saugnapf umgibt die Mundöffnung

stellt die Brutpflege vieler Plattegel dar, die ihre Jungtiere an der Bauchseite mit sich herumtragen.

❯ Der grünlich oder gelblich mit dunklen Flecken gesprenkelte, bis zu 8 cm lange »Gemeine Fischegel« hat eine schlanke Gestalt und zwei deutlich vom Körper abgesetzte Saugnäpfe. Er hängt meist ausgestreckt an Pflanzen, um sich an vorbeischwimmenden Fischen festzusaugen. Gelegentlich können Fische bei Massenbefall durch Fischegel sogar an Blutarmut sterben.

❯ Besonders häufig können Sie auch den meist braun gefärbten Hundeegel, einen Schlundegel, im Pflanzengewirr beobachten, wo er Würmern, Krebsen und Insektenlarven nachstellt. Unsere einheimischen Egel sind alle Zwitter und legen nach der

ein- oder gegenseitigen Befruchtung ihre Eier in Kokons ab. In ihnen entwickeln sich die jungen Egel bis zum Schlüpfvorgang. Mit Beginn der kalten Jahreszeit graben sich die meisten Egel im Schlamm ein, wo sie in einem Starrezustand den Winter überdauern.

Der Süßwasserpolyp – ein harmloses Monster

Der Lebensraum der Nesseltiere ist das Meer (Quallen und Korallen), nur wenige Arten leben im Süßwasser. In unserem Gartenteich kann man nur mit dem Süßwasserpolypen rechnen, der aber sehr schwer zu entdecken ist, da er (ohne Tentakel) höchstens 1 cm groß wird. Der Körper besteht aus einem zweischichtigen Schlauch, dessen geschlossenes Ende an Pflanzen oder Steine festgeklebt ist. Am anderen Ende liegt der von 4–7 Tentakel umstandene Mund, der sowohl für die Nahrungsaufnahme als auch für die Ausscheidung zuständig ist. Der Körper der Süßwasserpolypen kann sehr verschiedene Formen haben. Ein hungriger Polyp ist meist sehr dünn und hat weit ausgestreckte Tenta-

kel. Bei Störungen zieht er sich zu einem kleinen unscheinbaren Klümpchen zusammen. Die Vermehrung erfolgt meistens ungeschlechtlich. Dabei stülpt sich aus der Körperwand eine Knospe hervor, die heranwächst, einen Mund und Tentakel ausbildet, sich dann von dem Muttertier loslöst und an einer geeigneten Unterlage festhefet. Bei der geschlechtlichen Fortpflanzung entsteht aus der befruchteten Eizelle direkt ein neuer Polyp. Die Medusengeneration, die bei vielen anderen Nesseltieren zu finden ist, fehlt den Süßwasserpolypen.

Süßwasserpolypen töten ihre Beute mit dem Gift ihrer Nesselkapseln

Zum Fang ihrer Beute, meist kleiner Wassertiere (Wasserflöhe), besitzen die Süßwasserpolypen Nesselkapseln. Diese sind wahre Meisterwerke der Natur. Sie bestehen aus einer mit einem Deckel verschlossenen Kapsel, in der ein kunstvoll aufgerollter, dornenbewehrter Schlauch verborgen ist. Am Deckel befindet sich ein kleiner Stift, der bei Berührung den Ausschleudermechanismus des harpunenförmigen Fadens auslöst. Diese Waffen durchschlagen die Körperwände der Beutetiere, durch den Schlauch wird Gift injiziert, das die Beute lähmt oder sogar tötet, um dann mit Hilfe der Tentakel zum Mund geführt zu werden. Andere Nesselkapseln dienen zum Festhalten der Beute (Wickelkapseln), andere zur Fortbewegung (Klebekapseln) des Polypen.

Plankton – schwebende Organismen

Die größten Säugetiere unserer Erde, die Bartenwale, ernähren sich von mikroskopisch kleinen Organismen, die sie mit Hilfe von riesigen Kämmen, den Barten, aus dem Meerwasser herausfiltrieren. Was haben nun diese Wale mit unserem Gartenteich gemeinsam? Die Wale nichts, wohl aber die kleinen Organismen, von denen sich die Wale ernähren. Diese Organismen, die in stehenden Gewässern wie winzige Ballons im freien Wasser umhertreiben und keine oder nur geringe Eigenbewegung besitzen, werden als Plankton bezeichnet. Viele Pflanzen- und Tierarten werden aufgrund dieser Lebensweise zum Plankton gerechnet. Bei den pflanzlichen Vertretern handelt es sich vorwiegend um einzellige Algen. Die Vertreter des tierischen Plankton gehören meist zu den Einzellern und den Krebsen (Wasserflöhe und Hüpferlinge). Sicherlich hat jeder schon einmal den Begriff »Wasserfloh« gehört. Der Name kommt von der auffälligen Fortbewegung dieser Krebschen. Sie besitzen mächtige Antennen, mit denen sie wie

Wasserflöhe sind Kleinkrebse. Sie sind typische Vertreter des Planktons

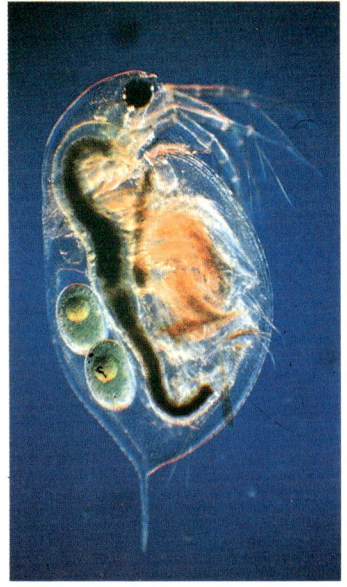

mit großen Rudern schlagen.

➤➤ Wenn man diese Tiere beobachten möchte, schüttet man dazu am besten einige Liter Teichwasser durch einen Nylonstrumpf und spült danach den Inhalt in ein klares Glasgefäß. Mit einigem Glück erkennt man bei näherem Hinschauen kleine Lebewesen mit einer ruckartigen Fortbewegung – wir haben die Wasserflöhe in unserem Gartenteich entdeckt. Als naturbegeisterte Gartenteichbesitzer werden Sie spätestens jetzt nach der Funktion dieser Kleinlebewesen im Gartenteich fragen.

Die Aufgaben des Planktons sind vielfältig. In unserem Gartenteich ernähren sich einzellige Planktonalgen von im Wasser gelösten Nährstoffen. Diese Algen wiederum

werden von kleinen tierischen Planktonorganismen, und diese wiederum von Kleinkrebsen aus dem Wasser filtriert und gefressen. In diese Nahrungskette reihen sich weiterhin Fische ein. Ferner filtern viele tierische Vertreter des Planktons Schwebstoffe aus dem Teichwaser, sie tragen damit zur Reinigung des Wassers bei.

Auch die Hüpferlinge (links) gehören zu den Krebsen. Ebenso wie die einzelligen Algen (rechts) sind sie Planktonorganismen

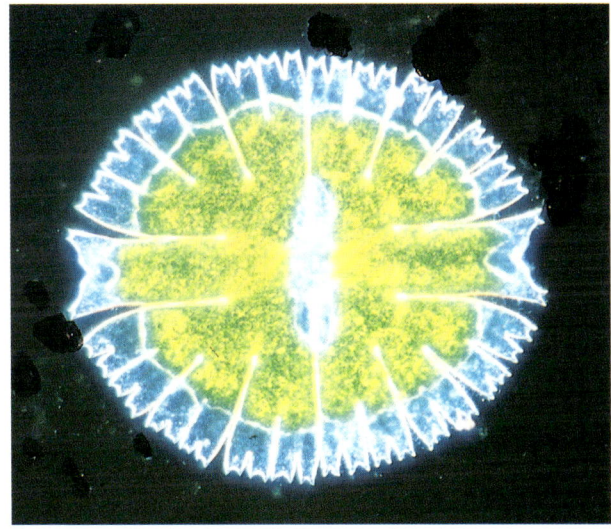

4 Winter

Ökologische Bemerkungen

Das Wasser unseres Gartenteichs (natürlich gilt das für Wasser überhaupt) hat einige Eigenschaften, die den darin lebenden Organismen die Existenz erleichtern oder sogar erst ermöglichen. Dies wird besonders im Winter deutlich.

Wasser hat seine größte Dichte bei +4 °C; das heißt, daß sowohl Wasser das kälter, als auch Wasser das wärmer ist als 4 °C leichter ist und daher nach oben steigt. Wissenschaftlich bezeichnet man dieses Verhalten als Dichteanomalie. Bei fast allen anderen Flüssigkeiten dagegen nimmt die Dichte mit abnehmender Temperatur bis zum Festwerden zu.

Wenn wir uns nun vorstellen, wie im Herbst und natürlich erst recht im Winter, die Luft kühler wird, dann wird (allerdings mit einiger Verzögerung) auch das Wasser unseres Gartenteichs kälter. Wenn es eine Temperatur von 4 °C erreicht hat, dann herrscht im gesamten Teich die gleiche Dichte. Kühlt nun das Wasser an der Oberfläche, wo es ja Kontakt mit der kalten Luft hat, weiter ab, so bleibt es, weil es ja leichter geworden ist, an der Oberfläche, wo es schließlich gefriert. Das entstandene Eis hat eine viel geringere Dichte als das Wasser und bleibt daher oben. Das Tiefenwasser unter der Eisdecke behält die Temperatur von 4 °C. Das bedeutet aber auch, daß in unseren Breiten nur flache Gewässer bis zum Grund zufrieren können. Bei allen Gewässern mit mehr als 50 cm Tiefe ist dies in normalen Wintern unmöglich und selbst in extrem kalten Wintern ist bei 80 cm tiefen Teichen noch genügend freies Wasser unter dem Eis vorhanden. Die Organismen unseres Gartenteichs können so den Winter besser überstehen als wenn sie im Eis eingefroren wären.

Im Frühling, wenn mit steigendem Sonnenstand auch die Temperatur ansteigt, schmilzt zuerst die oberfläche Eisschicht. Das Schmelzwasser, das zunächst weniger als 4 °C hat, ist leicht und bleibt oben und kann sich weiter erwärmen. Wenn das Oberflächenwasser wieder 4 °C erreicht hat ist die Dichte im ganzen Wasserkörper wieder gleich. Bei weiterer Erwärmung bleibt das warme, d. h. leichtere Wasser an der Oberfläche. Wenn wir uns vorstellen, das Eis hätte eine höhere Dichte als das Wasser, dann läge es auf dem Gewässergrund und würde nach einem sehr kalten Winter dort nur sehr spät oder gar nicht auftauen. Eine weitere, für die Lebenswesen im Wasser sehr wichtige Eigenschaft ist die geringe Wärmeleitfähigkeit. Wie gering sie ist, zeigt sich beim Schweißen unter Wasser, das möglich ist, ohne daß sich der Schweißer verbrüht. Die geringe Wärmeleitfähigkeit des Wassers bedeutet, daß starke Temperaturunterschiede im Wasser nicht durch direkten Wärmeausgleich sondern nur durch Verschieben der Wassermassen ausgeglichen werden können.

Zu erwähnen ist schließlich die hohe spezifische Wärmekapazität des Wassers, die bedingt, daß es eine große Wärmemenge speichern kann. Wasser erwärmt sich deshalb langsam und kühlt ebenso langsam wieder ab. Dadurch sind die täglichen Temperaturschwankungen im Wasser viel geringer als in der darüberliegenden Luft. Wasser ist daher ein Lebensraum mit sehr ausgeglichenen Temperaturbedingungen. Zurück zum winterlichen Gartenteich: Weil alle Bewohner wechselwarm sind, kühlt ihr Körper auf die Temperatur des Wassers ab. Das bringt für Lebewesen immer Probleme mit sich. Im Kapitel »Ökologische Bemerkungen« zum Frühling können Sie nachlesen, wie sie damit fertig werden.

Die Eisdecke auf dem Gartenteich schafft seinen Bewohnern Probleme: Nur neben Pflanzenstengeln bleibt meist noch etwas Platz für den Gasaustausch zwischen Luft und Wasser

Pflege-maßnahmen

Der Winter ist ganz sicher diejenige Jahreszeit, in der unser Gartenteich am wenigsten der Pflege bedarf. Am wichtigsten ist es deshalb, den Gartenteich und seine in der Winterruhe befindlichen Bewohner möglichst wenig zu stören. Insbesondere müssen Erschütte-

rungen jeder Art unterbleiben, wie sie z. B. durch Betreten oder Aufhacken der Eisfläche hervorgerufen werden. Ein nicht ganz unwichtiges Problem für den winterlichen Gartenteich ist der Abschluß vom Luftsauerstoff durch die Eisdecke. Sie wissen es ja: wegen der niedrigen Wassertemperatur sind alle Stoffwechselprozesse gewissermaßen auf Sparflamme geschaltet. Trotzdem sollte auch dieser geringe Sauer-

stoffbedarf sichergestellt sein. Meist bedeckt die Eisdecke den Gartenteich gar nicht vollständig – am Rand oder um Pflanzenstengel herum bleiben fast immer Lücken, durch die ein Gasaustausch möglich ist. Notfalls genügt es auch, ein Büschel Stroh- oder Grashalme senkrecht so im Teich anzubringen, daß es beim Zufrieren vom Eis eingeschlossen wird. Wenn der Teich schon lückenlos mit einer dicken Eisschicht bedeckt ist, sollten Sie auf keinen Fall versuchen, ein Loch in das Eis zu hakken. Die dabei auftretenden Erschütterungen könnten die Teichbewohner schädigen. In einem solchen Fall ist es ratsam zu versuchen, die Eisdecke am Rand mittels warmen Wassers sehr vorsichtig soweit aufzutauen bis Sie ein Strohbüschel zum Einfrieren einstecken können. In der Regel wird dies aber gar nicht erforderlich sein. Gönnen Sie also Ihrem Teich und seinen Bewohnern eine möglichst ungestörte Winterruhe – sie ist ein ganz natürlicher und notwendiger Abschnitt im Leben der Teichbewohner. Dann sollten Sie sich auch in Ruhe auf den Frühling freuen, wenn alles wieder zwar nicht zu neuem Leben, aber doch zu neuer Aktivität erwacht.

Leben in der kalten Jahreszeit

Der Winter ist die Jahreszeit in der die Lebensprozesse in unserem Gartenteich auf ein Minimum reduziert sind. Das Froschkonzert der lauen Sommernächte ist verstummt, das Auge sucht vergebens nach geschickt umherfliegenden Libellen. Auch wenn keine Eisdecke den Blick in unseren Gartenteich versperrt suchen wir doch vergebens nach Wassertieren, die zwischen den Unterwasserpflanzen geschickt umherturnen. Die Tiere unseres Teiches sind im Herbst natürlich nicht alle gestorben, um im Frühling wieder aus dem Nichts zu entstehen; sie haben vielmehr besondere Strategien im Laufe ihrer viele Jahrmillionen dauernden Evolution entwickelt, um diese ungastliche Jahreszeit zu überdauern. Amphibien verlassen spätestens im Herbst unseren Gartenteich um ihr Winterquartier an Land unter Laub und Baumstämmen aufzusuchen. Ähnlich wie in einem Komposthaufen herrschen hier durch das sich zersetzende Herbstlaub erträgliche Temperaturen. Ein Leben im Gartenteich wäre für Amphibien in dieser Jahreszeit unmöglich, da sie auf die Atmung von Luftsauerstoff angewiesen sind. Unter einer geschlossenen Eisdecke müßten sie jämmerlich ersticken.

Im Gegensatz dazu überwintern andere Tierarten ganz gezielt in unserem Gartenteich in der 4 °C warmen untersten Wasserschicht oder im Schlamm.

Zum Beispiel überwintern Libellen als Larven in unserem Teich. Dort sind sie doch gut vor Feinden und klirrender Kälte geschützt. Auch die Köcherfliegen verbringen den Winter als Larven in unserem Teich. Die meisten Insekten, deren Larven im Wasser leben, legen im Spätsommer oder Herbst ihre Eier in unse-

ren Gartenteich. Die daraus schlüpfenden Larven sind dann im Winter sicher aufgehoben. Voraussetzung dafür ist natürlich, daß der Teich eine ausreichende Tiefe hat.

Im Kapitel »Plankton – schwebende Organismen« haben wir von Algen und Wasserflöhen gehört, die im Sommer teilweise massenhaft auftreten können. Im Winter werden wir sicherlich vergeblich im Teich nach Algen oder Wasserflöhen suchen. Für die Algen reicht das Tageslicht im Winter nicht mehr aus, um neue Zellen zu bilden. Den Wasserflöhen fehlt die Nahrung. Die Algen

überdauern den Winter am Teichboden. An das abwechslungsreiche Leben im Teich, mit einem üppig gedeckten Tisch im Sommer und eisiger Kälte und leeren Vorratskammern im Winter haben sich die Wasserflöhe in genialer Art und Weise angepaßt. Bei gutem Algenwachstum im Sommer muß die Entwicklung der Wasserflöhe sehr schnell gehen, wollen sie die Nahrungsreserven optimal ausnutzen. In dieser Zeit erfolgt die Fortpflanzung ohne Männchen ausschließlich durch Jungfernzeugung, es werden in kurzer Zeit hohe Nachkommenzahlen erreicht. Im Spätherbst, wenn die Nahrungsgrundlagen nicht mehr ausreichen, entstehen aus den Eiern nicht nur Weibchen, sondern auch Männchen. Diese befruchten dann die Weibchen und es entwikkeln sich Dauereier, die auf den Teichgrund sinken um den Winter zu überdauern. Im Frühling entstehen dann daraus wieder nur Weibchen – der Jahreszyklus beginnt erneut.

Eine Möglichkeit des Gasaustausches unter der Eisdecke: Der Kugelschwimmer verwendet eine Luftblase am Körperende als »physikalische Kieme«. Sauerstoff wird aus dem Wasser aufgenommen, Kohlendioxid in das Wasser abgegeben

4

Wie Fische über den Winter kommen

Der Winter mit Eis und Kälte bringt auch für die Fische so manche Schwierigkeit mit sich. Durch die geringere Sonneneinstrahlung fehlt es jetzt in unserem Gartenteich an Licht, Wärme, Pflanzenwachstum, Sauerstoff und Nahrung. Zusätzlich verschlechtern die Reste abgestorbener Wasserpflanzen und Tiere die Wasserqualität. Sauerstoffschwund und das Auftreten für Fische schädlicher bzw. giftiger Abbauprodukte sind das Ergebnis. Besonders ungünstig wird die Situation, wenn der Teich zufriert und die Zufuhr von Sauerstoff unterbunden ist. Vor allem bei kleinen und flachen Gartenteichen kommt man nicht umhin, die Fische zu entnehmen und an anderer Stelle zu überwintern. Am besten wäre nun die Haltung der Fische in einem voll eingerichteten Aquarium mit Bodengrund, Wasserpflanzen, Beleuchtung, Filterung und Durchlüftung bei einer Wassertemperatur zwischen 10 und 15 °C. Hierbei sollte man darauf achten, daß der Raum für die Fische nicht zu knapp bemessen ist. Ein fingerlanger Fisch benötigt minde-

stens 3–5 Liter Wasservolumen, größere Exemplare entsprechend mehr. Ist kein Aquarium zur Hand, kann man sich auch mit einer tieferen Plastikwanne behelfen. Eine über die Wanne gelegte Gardine hindert die Fische am Herausspringen. Auch hier ist eine Belüftung unverzichtbar, eine Filterung wünschenswert. Aquarium oder Wanne sollten mit Teichwasser (nicht Leitungswasser!) gefüllt werden, da die Fische an diese Wasserqualität gewöhnt sind. Ein vierwöchentlicher Wasserwechsel von einem Drittel bis zur Hälfte der Gesamtmenge ist je nach Filterleistung vorzunehmen. Bei

Fische können im Gartenteich nur überwintern, wenn er tief genug ist, d.h. mindestens 80–100 cm.

fehlender Filterung spätestens alle 2 Wochen. Dazu kann man dann auf Leitungswasser gleicher Temperatur zurückgreifen. Auf eine Fütterung der Fische kann bei Wassertemperaturen unter 7 °C verzichtet werden. Im nächsten Frühjahr sind die Fische durch langsame Zugabe von Teichwasser wieder an die Wasserqualität unseres Gartenteiches zu gewöhnen.

Ganz anders ist die Situation bei einer Überwinterung der Fische im Gartenteich. Um dies zu ermöglichen, muß der Gartenteich in einem Bereich mindestens 80–100 cm Tiefe haben. Dadurch steht den Fischen im Gegensatz zu flacheren Gartenteichen beim Zufrieren noch genügend sauerstoffreiches Wasser zur Verfügung. Hat sich eine Eisdecke gebildet, muß ein Betreten der Eisfläche unterbleiben, um die in einer Ruhephase, im sogenannten Winterlager befindlichen Fische nicht zu stören. Ansonsten kann es zu erheblichen Verlusten kommen. Schilf, Binsen und Seggen sollten im Herbst nicht entfernt werden, da durch sie in der Regel noch ausreichend Sauerstoff unter die Eisdecke gelangen kann (siehe S. 101). Am sichersten ist eine künstliche Belüftung, sei es eine elektrisch betriebene oder eine auf chemischer Basis. Bei der letztgenannten Belüftungsmöglichkeit handelt es sich um einen sog. Oxidator; er ist im Zoofachhandel erhältlich.

Neben biologischen und ökologischen Problemen muß der Gartenteichbesitzer auch Rechtsfragen berücksichtigen

Artenschutz am Gartenteich

Als Folge wachsender Bevölkerungsdichte, zunehmender Industrialisierung und Technisierung ist der Landverbrauch immer weiter angestiegen. Unsere Landschaft wird immer engmaschiger von Schienen, Straßen und Kanälen zerschnitten, sie besteht aus einer Vielzahl isolierter Landschaftsstücke. In der Feldflur sind Hecken und Gehölze den technischen Anforderungen immer größerer Traktoren gewichen. Gräben und Bäche wurden begradigt und verdolt. Brachland wurde als Bauland oder zur Ansiedlung von Industrie genutzt,

Feuchtgebiete trockengelegt und landwirtschaftlich nutzbar gemacht. Dieser gesamte Zivilisationsdruck hat zu einer einschneidenden Änderung in der Zusammensetzung von Tier- und Pflanzengesellschaften geführt. Tierarten mit eng umgrenzten, spezialisierten Lebensansprüchen mußten den anspruchslose-

ren »Allerweltsarten« Platz machen. Überlegen Sie doch einmal ob Sie in Ihrer Umgebung ein Schwalbennest kennen. Sicherlich erinnern sich viele ältere Leser daran, daß sie in ihrer Jugend viele Schwalbennester an den Häusern Ihres Wohnortes kannten. Heute sind sie zu einer Seltenheit geworden, dafür hört man auf jedem Dachgiebel eine Amsel singen. Die spezialisierten Schwalben, die für ihren Nestbau feuchten Lehm brauchen, haben in unseren Städten und Dörfern mit ihrem Verbundpflaster auf Wegen, Straßen und Plätzen keine Überlebenschancen mehr. Profitiert von der Entwicklung haben »Kulturfolger« wie die Amseln, die sogar alte Plastiktüten für ihren Nestbau verwenden.

Die Veränderungen in unserer Umwelt sind nicht schlagartig erfolgt, sondern schleichend und kaum merklich. Besonders betroffen waren Kleingewässer, die mit einem geringen Aufwand trocken gelegt werden konnten. Sogar wassergefüllte Radspuren auf Feldwegen sind zu einer Seltenheit geworden. Diese von Pferdewagen und Ochsenkarren geschaffenen Kleinstgewässer waren wichtiger Lebensraum für viele Tierarten. Flache Kleinstgewässer sind bevorzugte Laichgewäs-

ser für die Gelbbauchunke im Süden oder für die Rotbauchunke im Norden unseres Landes. Aber wo können wir heute noch das eigenartige Quaken dieser possierlich kleinen Amphibien wahrnehmen. In früheren Zeiten hatte jedes Dorf einen eigenen Löschteich, der als Wasservorrat der Feuerwehr diente. In solchen Teichen entwickelte sich über Jahre eine faszinierende Unterwasserwelt. Heute finden wir sterile Grünanlagen mit einer exotischen Pflanzenwelt, kahlgeschorenen Rasenflächen und mit viel Glück einen geometrisch angelegten Teich, dessen Grund mit Verbundsteinen versehen ist und in dem einige Goldfische lustlos umherschwimmen. Solche Anlagen sollte sich der begeisterte Naturfreund bei der Anlage seines Gartens und Teiches nicht zum Vorbild nehmen.

Wir müssen uns natürlich im Klaren darüber sein, daß unser Gartenteich kein Ersatz für ein zugeschüttetes natürliches Gewässer sein kann. Der Glaube, man könne mit technischen Mitteln Ersatz für zerstörte Natur schaffen, ist falsch. Auch wir werden in unserem Garten, mit aller Anstrengung und Erfahrung nur ein Behelfsquartier für viele bedrohte Tier- und Pflanzenarten zur Verfügung stellen können. Natürliche Gewässer sind über viele Jahre entstanden. Sie entwickelten sich in einer natürlichen Umgebung wo alle Tiere noch Wanderfreiheit hatten und nicht durch Siedlungen, Straßen und Industrieanlagen aufgehalten wurden. Tiere können keinen Bus besteigen um uns in der Gartenteichstraße 7 zu besuchen um dann bei Gefallen bei uns einzuziehen. Tiere haben keinen unbegrenzt großen Aktionsradius. Sie besiedeln neue Gebiete in ihrer Umgebung und breiten sich von dort weiter aus. Viele natürlich gestaltete Gartenteiche können Tieren und Pflanzen aber als Trittsteine in unserer unwirtlichen Siedlungsgebieten dienen. Im Verbund mit anderen Teichbesitzern kann der Naturliebhaber zwar keinen Ersatz für zerstörte Lebensräume schaffen aber eine Vielzahl von Teichen bietet Tieren und Pflanzen einen gesicherten Wanderweg durch unsere sterile Umwelt, auf dem sie unbeschadet zu natürlichen Lebensräumen gelangen können.

Aber das ist sicherlich nicht alles, was der Gartenteichbesitzer zur Erhaltung der natürlichen Vielfalt beitragen kann. Oft ist es sehr schwierig einzusehen, daß man etwas Bestimmtes tun muß, ohne daß

So schön er auch ist: ein Feuersalamander darf nicht aus der Natur an den Gartenteich »verschleppt« werden. Erstens steht er unter Naturschutz, zweitens würde er dort gar nicht überleben

man den Grund dafür genau kennt. Wie kann man von einem technisch denkenden Zeitgenossen verlangen, die Vielfalt der Natur zu schützen, ohne daß er jemals die Natur in ihrer ganzen Schönheit erlebt hat. Im Gartenteich kann man über die Zeit hinweg ein Gefühl, ja sogar ein tiefes Verständnis für die Gesetze des Lebendigen bekommen. Natürlich kann man nicht verlangen, daß jeder seinen eigenen Gartenteich besitzt; für viele Mitmenschen wäre das auch gar nicht möglich. Aber wie einst jede Gemeinde ihren eigenen Löschteich hatte, könnte doch heute jede Schule ihren eigenen Schulteich haben, wo Lehrer den Kindern ein Gefühl für Natur am lebenden Objekt und nicht auf verstaubten Schultafeln vermitteln könnten. Unsere Natur braucht immer mehr Verständnis, um sich auch noch unseren Kindern in ihrer ganzen Pracht und Schönheit zeigen zu können.

Recht am Gartenteich

Ungeschriebene Regeln oder Rechtsvorschriften zum Schutz von Tieren und deren Lebensräumen haben in den verschiedenen Kulturen teilweise Jahrtausende alte Traditionen. Ein sehr altes und biblisch überliefertes Zeugnis ist Noah, der von Gott aufgefordert wurde, ein Paar jeder Art in die Arche aufzunehmen. Der Gartenteichbesitzer soll an dieser Stelle einiges über bestehende Gesetze er-

ten. Die Bundesartenschutz-
verordnung stellt einheimische Tier- und Pflanzenarten
unter besonderen Schutz
oder verbietet z. B. auch den
Handel mit exotischen Tierarten. Grundsätzlich muß man
davon ausgehen, daß der
Handel mit einheimischen
Tierarten verboten ist.

Tierschutzgesetz

Dieses Gesetz regelt den
Schutz des Lebens der Tiere.
Neben den wildlebenden Tieren umsorgt das Tierschutzgesetz auch die in Men-
schenobhut gehaltenen
Exemplare. Danach ist es
verboten, einem Tier ohne
vernünftigen Grund Schmer-
zen, Leiden oder Schäden
zuzufügen. Dieser Passus ist
unbedingt von jedem Gartenteichbesitzer uneingeschränkt
einzuhalten. Wenn wir auch
einen Teich auf unserem eigenen Grundstück angelegt
haben besitzen wir aber noch
lange nicht das Recht, nach
eigenem Gutdünken mit den
darin lebenden Tieren zu verfahren. Wichtig ist immer, daß
wir uns bei all unseren Hand-
lungen vergegenwärtigen,
daß der Umgang mit unse-
rem Gartenteich nicht nur ein
herrliches Naturerlebnis ist,
sondern daß wir damit auch
eine Verantwortung über-
nommen haben.

fahren, die es ihm erleichtern,
beim Umgang mit der Natur
nicht aufgrund von Unwissenheit mit bestehenden Gesetzen in Konflikt zu geraten.
Gemäß dem förderativen Aufbau der Bundesrepublik
Deutschland obliegt die Aus-
gestaltung des Bundesgeset-
zes für Naturschutz den Bun-
desländern. Jeder Natur-
freund sollte sich mit den in
seinem Bundesland herr-
schenden Sonderbestimmun-
gen vertraut machen. Die
wichtigsten Gesetze werden
kurz angeführt:

Naturschutzgesetz

Das Naturschutzgesetz be-
rücksichtigt im Gegensatz
zum Tierschutzgesetz aus-
schließlich die wildlebenden
Tierarten und die wildwach-
senden Pflanzenarten. Das
Ziel des Naturschutzgesetzes
ist es, die Leistungsfähigkeit
des Naturhaushaltes, der
Nutzungsfähigkeit der Natur-
güter, der Pflanzen und Tierwelt sowie der Vielfalt und
Schönheit der Natur und
Landschaft als Lebensgrund-
lage des Menschen zu erhal-

Gartenteich und Naturschutz

In den Kapiteln »Kauf und Einsetzen von Tieren«, »Artenschutz am Gartenteich«, und »Recht am Gartenteich« haben wir eine Menge über Artenschutz, Naturschutz und Rechtsvorschriften gehört. Das folgende Kapitel soll an einigen praktischen Beispielen Anregungen geben, wie man verantwortlich mit der Natur umgeht, einen kleinen Beitrag zum Schutz von Tieren und Pflanzen leisten kann, ohne dabei mit bestehenden Gesetzen in Konflikt zu geraten.

Sicherlich ist es für die meisten Gartenteichbesitzer eine großartige Erfahrung, dem ersten Froschkonzert im eigenen Garten zu lauschen. Erzwingen kann man dieses Erlebnis aber nicht. Unsere einheimischen Amphibien sind alle geschützt. Es ist verboten Kröten, Unken, Frösche oder Molche aus natürlichen Gewässern zu entnehmen und in den eigenen Gartenteich einzusetzen. Das gleiche gilt auch für ihre Entwicklungsstadien. Deshalb ist es auch verboten, Amphibienlaich oder Kaulquappen zu sammeln und in unseren Teich zu bringen. Sie dürfen auch nicht bei einem Freund aus

dessen Teich Amphibien, Amphibienlaich oder Kaulquappen fangen um sie in ihren eigenen einzusetzen. Gleiches gilt auch für alle Pflanzen und Tiere, die als geschützt eingestuft sind. Auch sind viele Wasserschnecken und fast alle einheimischen Süßwassermuscheln geschützt. Eine Entnahme aus natürlichen Gewässern ist somit verboten. Auch der Handel mit solchen Arten ist untersagt, auch wenn immer wieder Muscheln und geschützte Wasserschnecken, wie die Posthornschnecke in Zoogeschäften als besonders für Gartenteiche geeignet angepriesen werden.

Fische unterliegen dem Fischereigesetz und dürfen danach nicht aus natürlichen und künstlichen Gewässern entnommen werden. Dazu ist es zwingend nötig, das Fischereirecht in dem betreffenden Gewässer zu haben. Im eigenen Gartenteich dürfen wir Fische entnehmen, da wir das Fischereirecht in unserem eigenen Gartenteich ausüben dürfen. Aber nur dann, wenn wir die Regeln des Tierschutzgesetzes streng beachten. Es ist aber verboten, überschüssige Fische zu entnehmen und in natürliche Gewässer einzusetzen. Besonders fremdlän-

dische Arten können dabei in natürlichen Gewässern einen großen Schaden anrichten, indem sie einheimische Arten verdrängen. Die aus Nordamerika stammenden Zwergwelse zum Beispiel gefährden den Fischbestand ganzer Weiher und Teiche. Sie vermehren sich schlagartig und räubern die gesamte Brut der ansässigen Fischarten aus. Im Endstadium sind dann in einem solchen Gewässer nur noch riesige Mengen von Zwergwelsen zu finden. Die einstige Artenvielfalt ist erloschen. Ähnlichen Schaden richten auch Goldfische und im besonderen Maß Graskarpfen an. Sie können reiche Bestände von Unterwasserpflanzen zerstören. Große Schäden in natürlichen Gewässern haben auch ausgesetzte Rotwangenschildkröten angerichtet. Glücklicherweise ist neuerdings der Handel mit allen exotischen Schildkröten verboten. Hüten Sie sich auch davor, Rotwangenschildkröten, die für das heimische Aquarium zu groß wurden, in den Gartenteich oder in ein natürliches Gewässer auszusetzen. Diese räuberischen Reptilien würden bald die Artenvielfalt unseres Teiches mit ihrer großen Freßlust zerstören.

Der Fang vieler Insektenarten, die keinen besonderen

Schutzbestimmungen unterliegen ist zwar nach Gesetz erlaubt, sollte aber von einem engagierten und naturverbundenen Gartenteichbesitzer unterlassen werden, wobei zwei wichtige Gründe ins Feld geführt werden müssen. Viele der geschützten wasserlebenden Insektenlarven sind nur von besonders gut ausgebildeten Spezialisten von nichtgeschützten, für den Laien gleichaussehenden Arten, zu unterscheiden. Aber Unwissenheit schützt auch hier vor Strafe nicht. Es nützt auch nicht viel, einen kleinen Zoo seltener oder besonders interessant aussehender Wassertiere aus natürlichen Gewässern zusammenzufangen die sich dann auch nicht in unserem Gartenteich wohlfühlen und abwandern oder sterben.

Die beste Taktik ist immer noch, mit viel Geduld abzuwarten. Die Natur braucht viel Zeit, um unseren Teich zu besiedeln, der Erfolg ist dafür aber auch von langer Dauer. Ein zweiter, wichtiger Grund ist die Vorbildfunktion die wir für Bekannte, Nachbarn und Freunde haben. Der eigene Gartenteich kann sicherlich ein kleiner Beitrag zur Rettung einheimischer Tierarten sein. Aber auch das Verständnis für die Natur, welches sich im gleichen Maße

bei Besitzern und Betrachtern von kleinen wassergefüllten Oasen im eigenen Garten entwickelt, hilft die noch letzten Reste Natur zu schützen und für unsere Nachfahren zu erhalten.

Einen Überblick über die geschützten Tier- und Pflanzenarten geben die Roten Listen. Sie werden meist im Auftrag der Bundesländer erstellt. Man kann sie sicherlich von Naturschutzorganisationen oder von den zuständigen Länderministerien erhalten. Auch haben die meisten Bundesländer Fachbehörden wie

Landesämter oder Landesanstalten für Natur- und Umweltschutz, von denen ausführliches Informationsmaterial bezogen werden kann. Wichtig ist in jedem Fall beim Umgang mit Pflanzen und besonders mit wildlebenden Tieren, daß wir uns immer über die Tragweite unseres Handelns verantwortungsvoll im Klaren sind.

Auch die hübsch grün-weiß gefleckte Wechselkröte mit roten Warzen steht unter Naturschutz

Nachwort

Zum Schluß ist es angebracht, noch einiges zum Begriff »Ökosystem« zu sagen: Wir können uns ein sehr einfaches Ökosystem in Form eines Raumschiffes vorstellen. Produzenten seien einzellige Algen, die in großen Becken mit Nährlösung gezüchtet werden. Von diesen Algen (es gibt davon recht wohlschmeckende Arten) ernähren sich die Astronauten, welche die Konsumentenstufe darstellen. Die Ausscheidungen der Konsumenten werden von Destruenten, also von Bakterien, mineralisiert d. h. zu Nährsalzen für die Algenzucht abgebaut. Ein derartiges, völlig geschlossenes Ökosystem könnte vielleicht eine Zeitlang funktionieren – natürlich vorausgesetzt, es wäre genügend Sonnenenergie für die Algenzucht verfügbar. Dieses nur dreistufige Ökosystem wäre aber auch sehr störungsanfällig. Schon der Verlust von einer der drei Stufen hätte den Zusammenbruch des Gesamtsystems zur Folge. Wenn die Algenkultur zusammenbricht, haben die Astronauten nichts mehr zu essen und müssen sterben. Die gleiche Wirkung hätte ein Ausfall der Bakterienkultur. Und wenn auch »nur« die Menschen ausfallen würden, wäre das Ende von Bakterien und Algen ebenfalls besiegelt.

Dieses, zugegebenermaßen etwas stark vereinfachte, aber trotzdem realistische Modell soll uns zweierlei zeigen: Einmal, daß der Mensch als Konsument nicht ohne Produzenten und Destruenten existieren kann und zweitens, daß einfache, wenigstufige Ökosysteme äußerst labil und daher sehr gefährdet sind.

Auch die Erde ist ein »Raumschiff«, ein abgeschlossenes Ökosystem. Natürlich ist dieses System viel komplizierter, vielfältiger und deshalb auch stabiler als unser theoretisches Raumschiffmodell. Wir können uns ein Ökosystem mit seinen vielen Beziehungen und Verknüpfungen als ein riesiges Netz vorstellen, in dem jede Masche von einer Organismenart dargestellt wird. Auch die Menschheit bildet eine solche Masche im großen Netz der Natur. Viele Maschen sind schon heute zerrissen – die Tier- oder Pflanzenarten, die sie gebildet hatten, sind ausgerottet: das Netz hat damit einen Teil seiner Tragfähigkeit verloren. Noch trägt das Netz immer noch; daß es einmal reißt ist sicher, wenn wir mit der Zerstörung unserer Umwelt so weiter machen: Wir wissen aber nicht, wieviele Maschen wir noch zerstören können, bevor das ganze Netz reißt und damit auch für uns Menschen keine Existenzmöglichkeit mehr gegeben ist.

Jeder von uns kann durch umweltbewußtes Handeln sein Teil zum Erhalt unserer Umwelt beitragen. Schützen kann man aber nur das, was man kennt. Vielleicht kann dieses Buch Ihnen dabei helfen, den folgenden Spruch zu verstehen und zu beherzigen:

Der Mensch braucht die Natur – die Natur braucht den Menschen nicht.

Register

(die fettgedruckten Zahlen beziehen sich auf Abbildungsseiten)

Information rund um den Wassergarten

Wolfram Franke
Faszination Gartenteich

Teichanlage mit verschiedenen Materialien; ökologische Zusammenhänge, Bepflanzungsbeispiele und Pflanzenpflege; Tiere im und am Gartenteich; spezielle Elemente wie z.B. kleine Bäche und Springbrunnen; Gartenteich-Probleme im Überblick.

183 Seiten, 189 Farbfotos, 8 farbige und 16 s/w-Zeichnungen

Michael Lohmann
Der lebendige Wassergarten

Tümpel, Teiche, Bäche und Quellen im Garten - Symbol für ein lebendiges Biotop: viele Ideen und schrittweise Arbeitsanleitungen zur Anlage von Wasserelementen, ausführliche Tier- und Pflanzenporträts

111 Seiten, 118 Farbfotos, 6 farbige und 13 s/w-Zeichnungen

Reinhard Witt
Naturoase Wildgarten

Bedeutung von Wildgärten für Menschen und als Lebensraum für Pflanzen und Tiere: Anlage und Gestaltung; Ausführliche Porträts verschiedener Wildgarten-Typen mit Farbfotos, Plänen und Pflanztabellen; Pflanzenaussaat, Pflege und Vermehrung.

167 Seiten, 141 Farbfotos, 1 s/w-Zeichnung, 38 farbige Zeichnungen